Ho'oponopono

MÉTODO DE AUTOCURA HAVAIANO

··· Uma luz na vida ···

JULIANA DE' CARLI

Ho'oponopono
MÉTODO DE AUTOCURA HAVAIANO
··· Uma luz na vida ···

HO´OPONOPONO – MÉTODO DE AUTOCURA HAVAIANO
Copyright© Editora Nova Senda

Editor: Editora Nova Senda
Revisão: Rosemarie Giudilli Cordioli | Roberta Lopes
Diagramação e capa: Décio Lopes
7ª impressão | Agosto de 2019

DADOS INTERNACIONAIS DE CATALOGAÇÃO NA PUBLICAÇÃO (CIP)
(CÂMARA BRASILEIRA DO LIVRO, SP, BRASIL)

Ho'oponopono - Método de autocura Havaiano/Juliana De' Carli – 1ª edição – São Paulo – Editora Nova Senda, 2019.

Bibliografia.
ISBN 978-85-66819-01-4

1. Método de Cura 2. Esoterismo I. Título II. De' Carli, Juliana.

Proibida a reprodução total ou parcial desta obra, de qualquer forma ou por qualquer meio, seja eletrônico ou mecânico, inclusive por meio de processos xerográficos, incluindo ainda o uso da internet sem a permissão expressa da Editora Nova Senda, na pessoa de seu editor (Lei nº 9.610, de 19.02.1998).

Direitos exclusivos reservados para Editora Nova Senda.

EDITORA NOVA SENDA
Rua Jaboticabal, 698 – Vila Bertioga – São Paulo/SP
CEP 03188-001 | Tel. 11 2609-5787
contato@novasenda.com.br | www.novasenda.com.br

A TERRA NÃO PERTENCE AO HOMEM; o homem pertence a terra. Isso nós sabemos. Todas as coisas estão interligadas, como o sangue que une uma família. O que quer que aconteça à terra acontece aos filhos da terra. O homem não teceu a trama da vida, ele é simplesmente um fio nela. O que quer que ele faça à trama faz a si mesmo.

Chefe indígena Seattle, quando seu povo foi obrigado a ceder suas terras aos colonizadores norte-americanos em 1852.

Dedicatória

A meu filho Lorenzo De'Carli Debiasi e a meu marido Clayton De'Carli Debiasi, por todo amor e por termos formado uma nova e linda família, um presente de Deus.

Aos meus queridos avós Alicia, Ana e Manoel.

Aos meus amados pais Johnny De'Carli e Valéria Sucena Hammes.

À minha irmã e amiga eterna, Diana Hammes De'Carli.

E ao meu irmão tão querido Daniel Neto.

Dedication

Agradecimento

Ao meu pai, Johnny De´Carli, por todo incentivo e encorajamento na escrita deste livro, desde a primeira palavra escrita.

À minha mãe pelo apoio na divulgação desta obra.

Ao meu marido, Clayton De'Carli Debiasi, por todo suporte e apoio neste caminhar de muita doação e determinação para a escrita deste livro.

A Décio Lopes pela oportunidade dada de compartilhar este maravilhoso saber, assim também por todo carinho que sempre demonstrou com seu trabalho.

Sumário

Prefácio 13

1. Apresentação 17

2. O que é Ho'oponopono 25

3. Por que praticar Ho'oponopono 29

4. Origem no Havaí 35

5. Kahunas 41

6. Os Sete Princípios Kahunas 45

   6.1. Princípios do Ho'oponopono *54*

7. Variações no uso do Ho´oponopono 57

8. Vantagens e Benefícios do Ho'oponopono ... 61

9. Três "Eus" 71

10. As Sete Dimensões Espirituais 81

11. Conscientização para a Prática 89

   11.1. O poder do sinto muito, me perdoe,
   eu te amo, sou grato *91*

12. Primeira Prática: Respiração-Ha 95

13. Orações 101

   13.1. Como orar no Ho'oponopono *106*

14. Práticas de Purificação 109

   14.1. Práticas de Experiências Próprias e Estudos. *115*

15. Últimas Considerações 121

   Referência Bibliográfica 127

Prefácio

Falar de Juliana não é tarefa fácil para mim, pois sou o pai "coruja" dela. Quando se fala de uma filha como Juliana, corre-se o risco de um simples Prefácio virar um novo livro.

Juliana nasceu no ano de 1986. Naquela época, eu ocupava o cargo de Delegado Federal de Agricultura no Amazonas e pilotava aviões, como Piloto Privado. Ambas as profissões, naquela época e região, não eram das mais seguras. Não foram poucas as vezes que corri risco de morte.

Juliana nasceu numa época turbulenta, com muitas viagens e atividades profissionais, assim, tivemos poucos contatos nos seus primeiros 4 meses de vida. Lembro-me bem, numa manhã de um dia de folga, quando entrei no seu quarto, Juliana estava sendo vestida, após o banho, pela babá. Ela ouviu minha voz, olhou para mim e abriu um lindo sorriso.

Aquele sorriso irradiou um magnetismo tão forte que penetrou em minha alma. Minha vida nunca mais seria a mesma depois daquele dia. Desenvolvi a prudência; qualquer coisa que me pudesse privar daquele "sorriso" não me servia mais. Mudei de profissão, de emprego e fui viver na pacata cidade de Poços de Caldas, situada nas verdejantes montanhas do Sul de Minas Gerais, a fim de poder me dedicar mais a ela e à sua irmã caçula, Diana. Juliana foi a pessoa que, com um simples sorriso, conseguiu o que muitos tentaram e não conseguiram: me mudar; fazer de mim um ser humano melhor.

Juliana foi crescendo e em pouco tempo descobri que ela tinha o poder de mudar as pessoas, da mesma forma que fez comigo, e, acreditei que, com as ferramentas adequadas, poderia também ajudar a mudar o Mundo. Conheci o Ho'oponopono um pouco antes que Juliana, que já era Mestre de Reiki e iniciada no Xamanismo nos Andes Peruanos. Percebi logo que o Ho'oponopono seria um novo "farol" para Juliana. Como pai que investe e acredita em seus filhos, a inscrevi num congresso realizado em Madrid – Espanha. Ela se encantou com o "novo" método, seguindo sua pesquisa com outros Mestres. O Ho'oponopono é apenas uma dessas ferramentas que, não tenho dúvidas, ajudará Juliana a colocar muitas pessoas num "caminho de luz" e a serem mais saudáveis e felizes.

Sinto muito! Me Perdoe! Te amo! Sou grato!

São Lourenço, 09 de julho de 2013.
Prof. (MSc) Johnny De' Carli

Johnny De' Carli é Mestre de Reiki e autor dos livros:
- *Reiki Universal*
- *Reiki – A Terapia do 3º Milênio*
- *Reiki – Amor, Saúde e Transformação*
- *Reiki – Sistema Tradicional Japonês*
- *Reiki Para Crianças*
- *Reiki – Os Poemas Recomendados por Mikao Usui*
- *Reiki – Apostilas Oficiais*
- *Reiki – Como Filosofia de Vida*
- *O Tarô do Reiki*
- *Oráculo do Reiki.*

1

Apresentação

Caro leitor, primeiramente eu agradeço você por estar lendo meu livro, acredito que foi uma decisão determinante em minha vida, pois para escrevê-lo tive de fazer escolhas, abdicar de antigos sonhos. Estas palavras hoje fazem parte da minha atual realidade.

Talvez você já me conheça, talvez não. Eu sou Juliana De´Carli, filha de um conhecido Mestre de Reiki, o Johnny De´Carli. Nasci no Rio de Janeiro onde boa parte da família se encontra. Eu me formei em Educação Física pela Universidade Estadual de Campinas, para poder entender o corpo físico e me aprofundar cada vez mais como funciona o corpo fisicamente e energeticamente.

A respeito de meu pai, digo conhecido, pois seu trabalho e seu amor pelas pessoas fizeram e fazem a diferença até hoje na vida de muitos, inclusive na minha. Meu pai investiu muito tempo e dinheiro em estudos para encontrar respostas sobre a técnica Reiki, traduziu diversos manuscritos japoneses e trouxe para o ocidente muitas informações acerca desta técnica, seja histórica ou tecnicamente, e de uma forma muito simples, ele as repassa para que todos possam entender melhor a energia de Deus, pois a todos ela pertence.

Tornei-me reikiana no dia 18 de setembro de 1994 aos oito anos de idade. Fui iniciada pela Mestre Claudete França em Poços de Caldas-MG, onde morei dos 4 aos 13 anos. Na época, o casamento de meus pais estava acabando e eu me sentia muito angustiada com a situação que estava acontecendo em casa, eu mal sabia que pais se separavam, pois até então não era muito comum como nos dias de hoje.

O dia em que fui iniciada no Reiki me marcou muito, pois até hoje tenho cenas gravadas em minha memória. Lembro-me da minha mãe sentada na grande sala que já conhecia devido às sessões de fisioterapia que havia feito nela, e a sala cheia de pessoas, a maioria mulheres, sentadas no chão, encostadas nas paredes. Minha mãe estava lá para fazer o Nível 2 de Reiki e eu e minha irmã fomos iniciadas separadamente com outras 3 crianças em uma sala pequena, no interior da clínica. Durante a iniciação eu ficava curiosa para saber o que estava acontecendo e abria os olhos, só me lembro da Mestre volta e meia me pedindo para eu e outras crianças fecharmos os olhos e ao final ela explicou que a partir daquele momento nós seríamos canais de energia, que se sentíssemos alguma dor, poderíamos passar energia através de nossas mãos que a dor passaria. Mal sabia eu, que na verdade, a partir daquele momento estava iniciando-se uma grande jornada, precoce, de aprendizado e crescimento espiritual na minha vida.

Na mesma semana, meu pai comprou um vaso de flores cor-de-rosa, não me lembro de qual espécie, para minha mãe e no dia seguinte a flor acordou toda caída, murcha, a energia da casa não se encontrava lá aquelas coisas. Estava com meu pai na sala e resolvi testar a energia Reiki na plantinha, apliquei cerca de 10 minutos e saí acompanhando meu pai que faria algo na rua. Em menos de duas horas estávamos de volta e a planta estava perfeita e cheia de vitalidade. Foi a minha primeira experiência com o Reiki, aos 08 anos. Meu pai que presenciou a cena e observava a mim e a minha irmã que havíamos sido iniciadas, resolveu então fazer o curso de Reiki e pouco tempo depois se aprofundar, o que trouxe todos os frutos que hoje se pode ver, inclusive 8 livros sobre a técnica Reiki.

No dia 8 de abril de 1996 meu pai inaugurou a sede do Instituto Brasileiro de Pesquisa e Difusão do Reiki no Centro Comercial de Copacabana, Rio de Janeiro. Foi nesta sede que acompanhei muitos cursos e atendimentos do meu pai. Participava somente dos cursos básicos em razão da minha idade e cheguei a passar o mês de julho inteiro frequentando o Instituto, aplicando Reiki, fazendo florais, trocava a praia pelo Reiki. Somente aos 19 anos fui iniciada no Nível 3A, e aos 21 anos no Nível de Mestrado de Reiki conforme a recomendação dos japoneses devido à total formação dos chacras, à maturidade intelectual e hormonal. O Nível 3A do Reiki é o nível em que se trabalha o corpo espiritual; foi fantástico.

O curso aconteceu no Flat George V Residence-Jardins, em São Paulo. Neste curso meu pai ensinava uma técnica oriunda do Havaí, a chamada Cirurgia Kahuna. A sala estava cheia de alunos e meu pai pediu para que eu fosse ao centro da roda, juntamente com ele, fazer uma demonstração da Cirurgia Kahuna em duas participantes do curso que apresentavam enfermidades. No caso, a senhora em quem eu apliquei a cirurgia, não enxergava em um dos olhos, na verdade ela dizia ter uma mancha preta nos olhos que a impedia de enxergar, mas enxergava ao redor dela. Já a mulher em quem meu pai aplicou a técnica, uma psicóloga, estava com bursite no braço esquerdo. Meu pai olhou pra mim e disse para segui-lo nas etapas da técnica havaiana, enquanto os outros alunos observavam a fim de que todos nós aprendêssemos.

Eu já havia visto um médico reikiano aplicar esta técnica havaiana em minha irmã e havia funcionado instantaneamente, até então não sabia mais nada. No final da sessão meu pai perguntou às duas senhoras se haviam sentido algo, a psicóloga disse maravilhas, que havia tido a sensação de que havia passado álcool ao longo do braço e que a dor estava mais amena, enquanto a senhora em quem eu havia feito disse: "Eu não senti nada". Pronto, pensei comigo: "Será que eu fiz algo errado?". E fui dormir triste, pois não tinha conseguido sucesso em minha missão.

No dia seguinte começou uma turma de Mestrado intensivo, 15 dias consecutivos de curso. A filha desta senhora que eu havia aplicado a técnica estava inscrita no curso e disse para mim: "– Juliana, no final da aula eu preciso falar contigo".

Fiquei curiosa, ao final ela veio e disse que a mãe dela estava enxergando de perto e perguntamos ao Mestre Johnny e ele recomendou que a filha da senhora fizesse mais duas Cirurgias Kahunas para que ficasse 100% recuperada. Esta foi só a minha primeira experiência com a Cirurgia Kahuna, tiveram muitas outras, todas as pessoas em quem eu apliquei ou presenciei responderam bem ao tratamento. Em minha opinião, entre as técnicas de cura, esta é a mais eficaz que já conheci e por isso os Kahunas, este povo nativo havaiano, ganharam muito meu respeito e admiração. Dei ênfase nesta técnica, pois o Ho´oponopono é uma técnica também vinda dos Kahunas.

Aos 21 anos, quando fiz o Mestrado de Reiki, as experiências foram se aprofundando, novas técnicas, novas vivências. Nesta época eu morava em uma república, uma casa só de estudantes perto da Unicamp. Era um lugar excelente, onde vivi muitas histórias. Agora, era difícil encontrar pessoas da minha idade para compartilhar sobre o que eu vivia e aprendia, sem contar as brincadeiras que as pessoas faziam, mas eu sempre levava na esportiva e isso nunca me impediu de falar acerca de minhas experiências com as pessoas, pois eu sempre acreditei que pudesse despertar algo nelas. Era comum em conversas e até em festas eu entrar em assuntos relacionados ao Reiki ou espiritualidade e o mais gratificante é que o assunto continuava, pois as pessoas ficavam curiosas e perguntavam bastante, sentia estar cumprindo com a minha missão. Em alguns momentos eu me afastei de tudo isso, pelo conflito da espiritualidade com o mundo dos jovens que vivia. E este meu afastamento provou para mim mesma a diferença entre viver de acordo com as leis Divinas e práticas para manter o equilíbrio físico, emocional, mental e espiritual e simplesmente não praticar meu conhecimento e viver uma vida indisciplinada e ainda diria de "olhos fechados", como muitos podem viver uma vida inteira sem um "despertar" para entender mais a Fonte Universal, a busca pela espiritualidade, pela evolução espiritual pessoal, ou seja, cada um deve procurar o seu próprio crescimento. Por exemplo, o que adianta ser filha do Johnny De´Carli, tão sábio e equilibrado, se eu mesma não fizer por mim? Ele ajuda até certo ponto e muito! Dando todo apoio, ensinamentos, cursos e suporte, graças a ele eu tenho esta formação com pouca idade, mas é preciso eu querer, buscar, estudar e ler. Somente nós podemos de fato fazer por nós próprios e cada um tem a sua hora, o seu momento em que sente necessidade de crescer um pouco mais e entender um pouco mais da vida. Como diz o Mestre Confúcio: "De nada vale tentar ajudar aqueles que não ajudam a si mesmos".

Além das aulas que assisti no Instituto no Rio de Janeiro e São Paulo, meu pai me levou em algumas de suas viagens de estudos e crescimento espiritual. Fui com ele para Salvador - BA, Fortaleza - CE, São Tomé das Letras - MG, Peru sempre acompanhado por grupos numerosos de reikianos e para Madrid - Espanha no Congresso Internacional de Reiki. No Peru o grupo é sempre guiado pelo experiente xamã Malku e sua mulher Allana.

Em cada uma destas viagens tive diferentes experiências incríveis. Em algumas delas, eu diria parecer mágico o que via e sentia, sem contar a beleza de alguns rituais, mas o mais importante foi vivenciar – sentir e ver com meus próprios olhos tudo o que presenciei, pois assim eu incorporei a experiência, foi algo que aprendi e incorporei. Não há como tirarem toda esta bagagem de mim, dizer que não vi, dizer que não é verdade, pois eu estava lá. Pode ter certeza que muitos me falaram que eu estava enganada, que nada disso existia e que era coisa de maluco. E as conversas com os engenheiros são as mais difíceis. Mas como disse, nenhum cético pode tirar de mim as minhas experiências. Sei que tenho muito ainda o que aprender e experimentar, estou "aberta" a isto, o que é muito importante, pois como diz o Mestre Confúcio, "É preciso se esvaziar para poder receber mais conhecimento", o que está cheio, não se pode adicionar mais, concorda? E sempre, sempre teremos muito a aprender.

Na viagem ao Peru mudamos de cidade a cada dois dias em média, os hotéis e a comida são excelentes e todos os dias o grupo passa por diferentes práticas e técnicas do xamanismo e/ou do Reiki. Neste ano em que participei, tivemos a meditação de "Todo amor" dentro de um templo sagrado peruano (Morai). Nesta viagem ouvi muito sobre Ho'oponopono. Já havia ouvido falar superficialmente desta técnica por meio de rede social da internet. Lamentavelmente, na viagem, não tive nenhuma experiência com Ho'oponopono, mas tudo vem ao seu tempo. Pesquisei acerca da técnica e aprendi o básico, mas faltava orientação.

Mais tarde quando, finalmente, tive oportunidade de participar do meu primeiro Workshop, pude usufruir de bons resultados da técnica e então resolvi me aprofundar mais no assunto. Eu estava passando por uma fase difícil, havia mudado tudo em minha vida. Tive de escolher entre dar meu cachorro e continuar morando com minha amiga numa casa linda que alugamos ou continuar com a minha cachorrinha de dez anos, a Lua. Escolhi ficar com meu cachorro e devido a isso fui morar com a minha mãe em um pequeno e distante apartamento, o que fez também com que saísse do meu trabalho, pois ficou muito longe e eu precisava estar bem cedo na academia para dar aula de ginástica em outra cidade. Ou seja, lá se foram casa, móveis, pertences e trabalho que eu adorava. Fiquei muito triste, foi uma mudança radical em minha vida e minha energia baixou muito. Graças a Deus e ao meu pai, o Ho´oponopono entrou com toda força em minha vida naquele mesmo mês, e me trouxe novamente o equilíbrio, a paz interior, a felicidade e os sorrisos sinceros. Fez também com que eu usasse muito mais o Reiki. Apesar de ter crescido com ele, não praticava diariamente, porque naquele momento não tinha forças, coisa que hoje é muito diferente, pois sinto sempre a necessidade de me energizar a cada manhã e à noite para me manter equilibrada em todos os aspectos. Para mim o Ho'oponopono foi um divisor de águas.

2

O que é Ho'oponopono

Ho'oponopono é um sistema havaiano que significa "corrigir um erro", uma vez que na língua havaiana *Ho 'o* significa causa e *ponopono* significa perfeição. Além disso, a prática do Ho'oponopono para os Kahunas traz equilíbrio entre três estâncias, os três "Eus" que possuímos: Uhane, o "Eu médio", o "Eu consciente"; Unihipili, o "Eu básico", nosso Eu instintivo ou inconsciente e o Aumakua, o "Eu" superior.

Ho'oponopono é um processo de autocura subconsciente.

Temos 5% da nossa mente consciente, 65% inconsciente e 30% superconsciente. Utilizamos o consciente para decidir a nossa vida, mas enquanto ele é a "cabeça", o inconsciente é o "pescoço". É o inconsciente que acaba direcionando os nossos pensamentos e ações, uma vez que possui memórias armazenadas de outras vidas, de outros níveis de consciência, de nossas relações de parentesco e acontecimentos ao longo da nossa vida. Em algum momento nós aprendemos que determinado comportamento ou ideia era ideal para nos proteger ou que aquilo era o certo para nós, mas hoje já não tem mais sentido e acaba trazendo um resultado insatisfatório ou infeliz. E o Ho'oponopono consegue atuar neste campo mais profundo, mais difícil de ser acessado, transmutando-o.

Para atingirmos o inconsciente precisamos estar em alfa ou estado hipnótico e também é possível repetindo múltiplas vezes palavras escritas ou faladas. Existem recursos utilizados para trabalhar um padrão inconsciente como a PNL, meditações, hipnose, regressão, mas nada é tão eficiente como o Ho'oponopono que além de interligar os "Três Eus" do ser com a Fonte Divina, é de fácil aprendizado e prática.

Praticar Ho'oponopono consciente de todo o seu significado e com lucidez nos faz um Ser Integral. Nós somos seres espirituais tendo uma experiência material e não seres materiais que buscam a espiritualidade para terem experiência espiritual. Na verdade, trata-se de busca pela essência espiritual de cada um de nós, e por isso trazem tanta plenitude e brilho no olhar as pessoas que entram neste caminho.

Como foi dito anteriormente, o Ho'oponopono corrigi um erro, e portanto o problema é a chave do Ho 'oponopono, pois ele aparece trazendo à tona algo que precisa ser transmutado, restaurado, e que muitas vezes não se sabe a causa e por isso é importante defini-lo bem. Por exemplo, você possui uma determinada forma de agir que não te agrada, mas quando menos espera repetiu o mesmo traço que está enraizado em sua personalidade e não faz a menor ideia do por que age desta forma. Você poderá trabalhar este defeito praticando Ho'oponopono sem entender sua causa, e existe ainda a possibilidade de ter algum insight que mostre sua origem, como já aconteceu em muitos casos. Tudo fará muito sentido para você, além de se beneficiar do resultado.

Repetir palavras pode atingir o nosso inconsciente, sejam elas escritas ou faladas. Para que as palavras surjam, antes elas são pensadas por nós e mesmo que não ditas e escritas, se muito repetidas já formam um padrão de pensamento. Isso é importante para nos mostrar o seguinte: tudo começa no pensamento.

Quando as famílias Kahunas se reuniam para resolver um problema de um filho, elas tinham a consciência de que aquele filho havia sido o mais sensível e que poderia estar sendo vítima do resultado de pensamentos da família toda. Portanto, praticavam o Ho'oponopono sempre, mesmo que não apresentasse um problema explícito, pois encaravam isso como um banho espiritual. Um banho que cuidava da mente, dos pensamentos, que cuidava do espírito, consequentemente das emoções e do corpo na vida material, promovendo o Ser Integral.

3

Por que praticar Ho'oponopono

Ho'oponopono e Reiki são conhecimentos que após adquiridos dispensam o terapeuta ou o facilitador para serem utilizados. A pessoa que participa de um workshop ou curso de alguma técnica neste sentido, normalmente apresenta duas razões que a faz procurar por tal: ou ela está se sentindo ansiosa, preocupada, desamparada procurando uma forma de se trabalhar ou trabalhar algo ou alguém em sua vida ou ela já tem consciência do Todo, da essência da vida e do ser humano e quer se aprofundar mais.

Em determinadas situações, pessoas aprendem técnicas que não a satisfazem, por não se sentirem completas ao praticar e, portanto, não colocando em prática o aprendizado. Há outros motivos que as impedem de praticar como, por exemplo, a falta de tempo ou de um espaço apropriado, falta de disciplina ou até mesmo quando o aprendizado cai no esquecimento. De nada adianta aprender se não praticar. Imagino que se você está lendo este livro é porque procura mais conhecimento para melhorar principalmente a si próprio, pois a nossa paz reside em nós.

E o Ho'oponopono é uma técnica que pode ser feita em qualquer local, pois acontece dentro da sua própria mente e não precisa levar horas. Dependendo da questão poucos minutos, algumas vezes, são mais que suficiente.

Quando a minha vida se desestruturou em todos os pilares e abalou profundamente as minhas emoções, eu não tinha forças para aplicar Reiki. Sentia-me desvitalizada e triste que nem mesmo as mãos sobre meu coração e corpo eu postava para me autoaplicar Reiki, algo simples que se pode fazer deitada ao acordar, ou mesmo na hora de dormir. Quando adquiri o conhecimento do Ho'oponopono, consegui transmutar todo aquele sentimento de tristeza, passando então a praticar as duas técnicas diariamente.

Quando não conseguir solucionar seus problemas conforme estava habituado, como no meu caso aconteceu com o Reiki, o Ho'oponopono preenche este vazio. Mesmo porque esta técnica exclui o ego em sua solução, é totalmente conexão com o Divino e Ele atuando sobre nós. Aqui, excluir o ego tem um significado duplo. O primeiro, que por admitirmos sermos os responsáveis pelo problema, seja qual for, já agimos com humildade e não procuramos a resposta e sim entregamos à Fonte Divina para que ela solucione. O segundo significado no sentido de que o ego é resultado de um conjunto de memórias, que podem ser transmutadas aos poucos, e deixando de ser atuante em sua personalidade. Ao longo deste livro esses conceitos vão se tornar mais elucidativos.

Algumas técnicas deixam o problema de lado para focar a solução, o que sempre achei inteligente – trabalhar para dar força para o lado "fraco da balança". O Reiki e outras técnicas atuam desta forma no desequilíbrio das energias yin-yang, se a pessoa apresentar excesso de yang, o Reiki doa mais yin, se ela apresentar excesso de yin, doa mais yang. Já no Ho'oponopono encaramos o problema, ele é a chave. E quanto mais delineado for o problema, melhor será, pois saberemos exatamente o que precisa ser trabalhado e transmutado. Resumindo, é literalmente entregar o problema nas mãos de Deus.

Após o problema ser definido, o praticante precisa assumir 100% da responsabilidade do problema, pois, na visão da terceira dimensão, algo no subconsciente dele atraiu tal situação em sua vida. Já na visão da quinta dimensão, somos todos UM e tudo o que acontece à nossa volta são espelhos, portanto podemos assumir a responsabilidade do problema 100% para nós com mais compreensão desta postura. O praticante, após assumir esta postura, faz seu pedido à Divindade e em seguida orações e respirações que explicarei com mais detalhes futuramente.

O Dr. Hew Len hoje é uma personalidade importante para o Ho'oponopono. Ele ensina uma oração simples: *Sinto muito, me perdoe, eu te amo, sou grato(a)*. Nesta oração assumimos o problema ao dizer "Sinto muito", assumindo esta responsabilidade para nós próprios. Existem outras orações, mas estas quatro frases possuem a resposta direta para os sentimentos relacionados à prática de acordo com cada fase do processo de transmutação. A esse respeito darei mais detalhes posteriormente.

As promessas do Ho'oponopono são muitas, desde mudar sentimentos e padrões de pensamento, mudar relações, resolver problemas, até mudar situações grandes na vida relacionadas por exemplo com profissão, família e saúde. Eu indico que as pessoas comecem por mudar pensamentos e sentimentos, pois é algo que com o Ho'oponopono muda-se quase que instantaneamente e, então, o praticante já pode perceber a eficácia da técnica.

Então, como ainda estamos no início do livro e falaremos um pouco sobre a história e origem da técnica, peço que nos tempos livres você determine três problemas que irá trabalhar ao longo do livro no momento em que as técnicas começarem a ser explicadas.

Em relação ao primeiro problema eu indico que seja um pensamento sobre uma questão atual na qual lhe incomoda a sua própria posição, algo que seja mais simples e fácil de resolver. O segundo problema indico que seja intermediário – por exemplo, uma relação problemática ou alguém que lhe incomode no trabalho. E o terceiro problema, algo que lhe exigirá mais tempo para ser trabalhado, como problemas financeiros ou a construção de uma casa.

E mais um lembrete importante, quando for praticar Ho'oponopono é importante se esvaziar, existe um pedido inicial que se deseja que seja transmutado, mas muitas vezes necessitamos de uma solução. Não peça a solução, peça a transmutação. O Universo terá a melhor resposta a lhe enviar, que muitas vezes vem de uma forma inimaginável. Exemplificando, citei problemas financeiros, pode ser que um trabalho novo surja, ou uma promoção no emprego. Mas, o mais importante é se esvaziar e acreditar que a Divindade pode atuar em nossas vidas, tendo fé, não fazendo mal a ninguém e nem a nós próprios e agir em busca da solução, e o Universo conspirará a favor.

Precisamos agir, o simples fato de você agir em busca do que quer, já coloca uma energia sua que atrairá o seu desejo, é a Lei da atração. A ação ajudará, mas a resposta pode vir de outros caminhos, assim também pode ser fruto do seu trabalho. E quando receber a benção lembre-se de expressar sua gratidão. Escreva especificadamente os seus três pedidos abaixo:

1. _____

_____

_____

_____

2. _____

_____

_____

_____

3. _____

_____

_____

_____

No capítulo 13 você encontrará orações que poderão ajudá-lo (a) na prática para cada assunto.

4

Origem no Havaí

O Ho'oponopono está se tornando mais conhecido a cada dia que passa, mas ainda não é uma técnica tão difundida como o Reiki. Resolvi buscar informações a respeito de sua origem e para começar a conhecer um pouco do Havaí, pois lá viviam os Kahunas que desenvolveram a técnica.

O Havaí está localizado em um arquipélago, composto por oito ilhas de origem vulcânica, que emergiram lentamente do leito do mar através de *hot spot* (ponto quente). Os vulcões do sudeste do Havaí são os únicos ainda ativos. No Havaí encontra-se o Parque Nacional dos Vulcões, um patrimônio mundial. Situado no meio do Oceano Pacífico, é o Estado americano mais isolado do país. E, em razão de sua localização mais meridional em relação aos outros Estados norte-americanos, é considerado parte dos Estados do Pacífico, das ilhas da Polinésia. A capital Honolulu encontra-se a 3.100 km de distância da costa norte-americana. É o único Estado norte--americano que possui um clima tropical, sendo quente o ano inteiro, com temperaturas médias de 25º e de 22º no inverno.

História

Os primeiros habitantes do arquipélago havaiano eram nativos polinésios, que já viviam na ilha tempos antes da chegada dos europeus em 1778. O arquipélago recebeu outros povos polinésios, de arquipélagos mais ao sul e também vindos do Taiti. O grupo do Taiti desembarcou nas ilhas havaianas 700 d.C. e trouxe uma cultura diferente, tambores, plantas, uma religião e outros chefes, que possuíam sabedoria diferente, eram os chamados xamãs.

Os xamãs eram possuidores de sabedoria espiritual acerca de algum assunto, fosse ele político, comercial ou cultural. A diferença estava em sua espiritualidade, a forma com que lideravam os povos. Possuíam também conhecimento da medicina natural por meio dos elementos da natureza e do contato com os animais.

Com o passar do tempo foi diminuindo o número de nativos e aumentando os estrangeiros presentes no Havaí. O primeiro europeu que chegou ao arquipélago foi James Cook. Desembarcou na ilha em 18 de janeiro de 1778, batizando-as de "ilhas sanduíche" em homenagem ao Duque de Sandwich, um lord britânico. O arquipélago tornou-se uma referência e ponto de escala para os marinheiros europeus, trazendo diversas doenças aos nativos ao longo do século XIX.

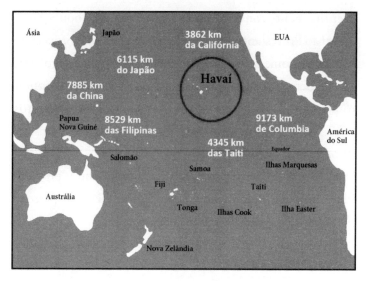

Localização do Havaí no Oceano Pacífico.

Antes dos europeus chegarem às ilhas havaianas, havia muitas tribos indígenas regidas por chefes indígenas. Estas sociedades possuíam um sistema organizado e autossuficiente baseado no arrendamento de terras comunais. Em 1792, um líder indígena chamado Kamehameha, utilizando armas obtidas com os navegantes europeus, iniciou uma longa guerra, que perdurou por 13 anos, contra chefes de outras ilhas, com a finalidade de unir todo o arquipélago e instituiu, então, a monarquia. Kamehameha cedeu lotes de terras às famílias rurais. Em 1819, seu filho, Kamehameha II assumiu a monarquia, aboliu a prática da religião havaiana em lugares públicos, embora permitisse esta prática em lugares privados.

Em 1820, o governo americano enviou um grupo de missionários e professores brancos protestantes, que eventualmente converteriam a maior parte da população do Havaí ao Protestantismo. Criaram também uma forma escrita para o idioma havaiano e fundaram as primeiras escolas no Havaí. Sete anos depois foi a vez dos missionários católicos romanos, espanhóis e franceses, mas não foram bem aceitos.

Em 1831, os missionários foram expulsos e os cristãos de origem havaiana foram presos.

Em 1836, uma fragata francesa bloqueou o porto de Honolulu, e obrigou Kamehameha II a liberar os presos e permitir a liberdade de expressão religiosa.

Outro filho de Kamehameha, o Rei Kamehameha (Kauikeaouli) III criou a primeira Constituição do Havaí em 1839, e um sólido governo central composto pelos poderes executivo, legislativo e judiciário. O governo americano reconheceu o Havaí como um país independente.

A partir de 1850, o Havaí passou a receber inúmeros imigrantes asiáticos, chineses, portugueses e japoneses. Nesta época chegaram os pais de Hawayo Takata, mestre de Reiki que marcou a história da difusão desta técnica. Takata nasceu no Havaí em 1900 e recebeu seu nome em homenagem à ilha, adicionaram a letra "o" ao fim, que designa o feminino em japonês.

Em 1874, Kalakaua tornou-se rei do Havaí. Ele construiu a base naval de Pearl Harbor o que deu muito poder econômico aos comerciantes e agricultores americanos. Quando ele morreu, sua irmã Lili´uokalani tornou-se rainha do Havaí. Ela possuía visão diferente a do irmão, apoiava a opinião da população em seu descontentamento com o excesso de estrangeiros no país. De nada adiantou, pois em 1894, em uma revolução, tropas americanas e grupos militantes liderados por americanos, alemães e britânicos tomaram o Havaí e depuseram Lili'uokalani. O descontentamento da população havaiana foi de tamanha magnitude que Grover Clevend, na época presidente dos Estados Unidos, queria devolver o trono à rainha, mas ela e os líderes da revolução se recusaram a perdoar publicamente uns aos outros.

Em 1898 o Havaí entrou no processo de anexação aos Estados Unidos e em 14 de junho de 1900 tornou-se oficialmente território norte-americano. Desde 1919, a população do Havaí exigia a elevação do território para a categoria de Estado, o que foi aprovado pelo Congresso somente em 1957, com a assinatura da emenda em 21 de agosto de 1959, tornando o Havaí o 50º e último Estado americano a entrar à União. O Havaí tornou-se um grande polo militar e turístico. A famosa base militar de Pearl Harbor, base naval americana, foi atacada pela força aérea japonesa em 07 de dezembro de 1941.

A economia do Havaí prosperou ao longo do século XIX, com a venda de madeira de alta qualidade para a China até a década de 1830, com a venda de suprimentos e água para navios a partir de 1820, com a cana-de-açúcar depois de 1830 e com a venda de abacaxi a partir de 1880 em diante. Atualmente, a principal renda do Havaí é o turismo, fazendo o setor terciário corresponder a 92% do PIB total. O Estado do Havaí possui a menor taxa de desemprego dos EUA, 3,3% da população. Cerca de 88,5% dos habitantes do Estado com mais de 25 anos de idade possuem um diploma de segundo grau.

A população do Havaí apresentou crescimento médio de 22% ao ano, passando de 154 mil habitantes em 1900 para 1.360.300 habitantes em 2010. Sendo que deste total, somente 9% vivem em áreas rurais. É o Estado norte-americano que possui maior miscigenação racial, sendo os brancos a menor porcentagem em relação ao restante do país (24,2%) e os nativos totalizando 8,2% da população total.

O Havaí possui muitas religiões presentes, sendo a maior parte da população protestante e outros cristãos (37,8%); católicos 22,8%; mórmons 3,3%; budistas 9%, judeus 0,7% e não religiosos 21%.

Poucos são os nativos da ilha e menos ainda os que possuem a sabedoria Kahuna original. Uma pesquisa longa e profunda foi feita na língua havaiana para que pudéssemos ter conhecimento do segredo Kahuna.

Momento de prática:

Encontre um momento e local adequado para praticar Ho'oponopono. No capítulo 13 encontram-se orações para facilitar a prática. Aquiete-se, respire mais profundamente, faça sua oração em cima das questões que definiu no capítulo 3 e repita o mantra: sinto muito, me perdoe, eu te amo, sou grato (a).

5

Kahunas

História

A palavra kahuna significa "guardião do segredo", sendo a junção de duas raízes, "ka" que significa guardião e "Huna" segredo. Quando dizemos segredo, não quer dizer algo secreto e que deva permanecer oculto, mas sim no sentido de descobrir a essência da nossa existência. Antigamente, o conhecimento Kahuna não era conhecido, mas agora existe a necessidade de sua difusão, uma vez que a comunicação no mundo está cada vez mais veloz; e muitas pessoas estão procurando se espiritualizar. Consequentemente, está havendo uma elevação de consciência do ser humano. Assim sendo, é importante dispor deste conhecimento para que cada ser, em sua busca individual, tenha a oportunidade de aprender a entrar em contato com a sua própria essência por meio desta técnica que une o céu e o homem, entenda melhor sua ligação e poder da natureza e saiba lidar consigo próprio, com seus próprios pensamentos, e fazer desta técnica uma ferramenta para auxiliar nossa vida tornando-a mais prazerosa e simples.

Huna, este "segredo", é um sistema prático e simples de conhecimento psicológico e filosófico, portanto, Huna pode ser denominada como uma psicofilosofia ou uma filosofia psicorreligiosa. É a sabedoria milenar dos antigos kahunas havaianos, que são verdadeiros xamãs, e que nos auxiliam a olhar para dentro de nós próprios e a desvendar os mistérios que temos dentro de nosso próprio ser. Este sistema integra mente, corpo e espírito e se utiliza desta união, por meio de ações e materializações, para adquirir felicidade pessoal e na vida.

O sistema Huna é muito antigo, possui mais de 5.000 anos e foi praticado por sacerdotes no Oriente Médio. Foi uma doutrina oculta e secreta. Há muitos indícios que religiões de Israel, Egito, Índia e Mesopotâmia tenham sido influenciadas por esse sistema. Os essênios, que eram considerados os protetores e educadores de Jesus, conheciam as práticas. Inclusive, devido aos seus conhecimentos, o próprio Jesus é considerado um grande Kahuna.

Existe uma teoria que apregoa que Huna era conhecida pelos habitantes mais antigos da Terra, que viveram no continente perdido de MU, também conhecido como Lemúria. Estes povos formaram várias colônias disseminando o Conhecimento Huna por regiões tais quais a Índia, Egito, Birmânia, Europa, Américas, e com a possibilidade da Atlântida ser a mais evoluída delas. Há aproximadamente treze mil anos, o continente da Lemúria submergiu em consequência de cataclismos intensos que deram origem às Ilhas Polinésias. Em razão da sobrevivência de habitantes de MU nas Ilhas Polinésias, o Conhecimento Huna foi preservado.

Quem recuperou o Conhecimento Huna foi o americano Max Freedon Long (1889-1971), um psicólogo e escritor que em 1917, aos 27 anos, chegou ao Havaí. Max estudou ciência cristã, teosofia, prática do Zen com um bispo americano. Depois se aperfeiçoou com um mestre japonês, atingindo o Satori (nirvana). Encantado com as atividades vulcânicas do vulcão Kilauea, logo teve conhecimento dos kahunas e do Dr. William Tufts Brigham, seu precursor e mentor que pesquisou os kahunas por 40 anos, e aos seus 82 anos encontrando Max, o viu tal qual seu sucessor nos estudos.

Os missionários religiosos e a cultura ocidental haviam destruído o cotidiano ancestral dos kahunas, proibindo suas práticas que passaram a ser exercidas secretamente. A maior barreira que Max Freedon Long e Dr. William Tufts Brigham encontraram em suas pesquisas foi o fato de a sabedoria kahuna ser culturalmente ensinada a seus discípulos oralmente. Existia uma tradição milenar oral e os poucos anciãos kahunas remanescentes negavam-se a contar aos pesquisadores os segredos. Isto explica o porquê destes estudos de Dr. Brigham e Max Long levarem longos anos de dedicação.

Depois de 18 anos de estudos nas áreas de psicologia e etimologia e dando continuidade aos estudos de Dr. Brigham, em 1935 Long chegou à conclusão que havia uma filosofia psicorreligiosa na forma de viver dos ancestrais havaianos e inclusive na maneira de surfar dos havaianos, pois quando todos torcem pela mesma causa, que se formem boas ondas para que todos consigam surfar. É como se no surfe todos fossem Um, além de corpo e mente estarem unificados no momento da prática, a respiração é desenvolvida, tanto em quantidade de oxigênio, quanto em retenção da respiração em apneia.

Na língua havaiana não há passado e futuro. Os antigos kahunas já viviam na eternidade do "agora", para eles o aqui e o agora de cada atividade do dia é o único momento em que se pode ocorrer efetivamente a fusão entre o profano e o sagrado. O homem é uma ponte de conexão entre céu e terra, tudo isso será explicado mais detalhadamente no decorrer do livro. Mas já podemos entender que se por meio do homem céu e terra se conectam, a concretização de uma conexão só existe no agora, no momento, no homem, e através da ação do homem surge algo de origem profana.

Max Freedom Long explica que a Huna é uma ferramenta que está ao alcance de todos, e a qualquer momento e situação pode ser utilizada e que nós não precisamos deixar de acreditar no que acreditamos tradicionalmente, se conhecemos alguma técnica como o Reiki, Johrei, Mahikari, cromoterapia, terapia floral, acupuntura ou até mesmo possuirmos outra religião. Não é necessário abandonar as práticas tradicionais de nossa vida para podermos adicionar esta ferramenta Huna ao nosso cotidiano.

6

Os Sete Princípios Kahunas

Os kahunas são verdadeiros xamãs, a prática Huna está ligada ao Xamanismo havaiano e eles possuem princípios que dão base às práticas kahunas e a forma de enxergar o mundo. Destes princípios existem os corolários, que seriam ideias subsequentes. Quando se aprende estes ensinamentos e realmente os incorpora, a pessoa muda a forma de encarar a vida, muda seus pensamentos e isso reflete diretamente em seus sentimentos e consequentemente em suas ações. Veremos que mudar a forma de pensamento influencia em cada detalhe da vida, uma vez que pensamento é energia, possui forma e lugar no espaço.

1º Princípio: O mundo é o que você pensa que ELE é. (IKE) Corolários: *Tudo é sonho. Todos os sistemas são arbitrários. O poder do pensamento.*

A ideia base deste princípio é que antes de qualquer coisa tudo depende da forma com que enxergamos a vida, o mundo e as pessoas. Chama-se Ike Papakahi esta visão do primeiro nível. Se você pensar negativamente que o mundo seja um lugar de sofrimento, que nada dá certo para você, que as pessoas estão te perseguindo para te prejudicar, você vai se posicionar e agir desta forma perante as pessoas e a vida. Estará na posição de vítima e deixará de agir conforme seus verdadeiros desejos.

Esta forma de pensar e encarar a vida trará sentimentos de tristeza, depressão, rancor, aliás, esses sentimentos estarão de acordo com este padrão de pensamento e você atrairá uma realidade equivalente aos seus pensamentos. Quando vibramos neste padrão de pensamento acabamos não valorizando pequenas coisas, detalhes que se forem devidamente observados trarão "colorido" à vida tornando-a mais feliz. Ao se adotar uma visão positiva do mundo, abolindo-se a postura de vítima, tomando-se as "rédeas" da própria vida, por meio dos sentimentos positivos, e procurando encarar os problemas da melhor forma possível evitará dissabores e sofrimento futuro.

A pessoa que mantém um padrão de pensamento com qualidade, percebe-se até em sua própria feição a felicidade. A energia que emana chega a contagiar outras pessoas e, mesmo quando surgem problemas, parece que tudo na vida flui. A diferença está unicamente na forma que certas pessoas encaram o problema, afinal, problemas surgem, mas a chave que faz com que um problema seja menor ou maior está na forma de lidar com ele.

Manter os pensamentos em ordem, manter a calma e trabalhar dando força para a solução faz com que as portas para a resolução deste se abram mais facilmente, e que você sinta menos angústia ou qualquer sentimento que a situação poderia prover. Utilizando os conhecimentos e as técnicas Kahunas, podemos enxergar a realidade pela visão metafísica, a chamada Ike Papalua, que seria a forma de perceber a realidade em segundo nível.

Entendendo o funcionamento do fluxo energético e a ligação que existe entre pensamento, energia e o cosmos, pode-se utilizar este segundo nível, *o energético*, para se controlar o primeiro nível, *o físico*, ao tornar-se realidade no mundo material, seja em acontecimentos ou materializando-se.

No Ho'oponopono temos como verdade que somos 100% responsáveis por tudo o que temos à nossa volta. Pois, a partir de nossos pensamentos, fazemos escolhas, atraímos situações e sentimentos. Qualquer julgamento ou sentimento sobre uma pessoa ou situação está totalmente influenciado pelo nosso pensamento e forma de enxergá-lo.

Um talento deste princípio dos kahunas é a visão, pois é a forma de pensar que vai refletir na visão do mundo. O desafio é a ignorância, por ter falta de conhecimento e a in-flexibilidade que algumas pessoas possuem em entender que existe mais de uma face para uma mesma situação. A cor deste princípio é a branca.

2º Princípio: Não há limites (KALA)
Corolários: *Tudo está interligado. Tudo é possível. Separação é apenas uma ilusão inútil. Utilização das ligações energéticas.*

Os seres humanos possuem ligação energética com o Céu e com a Terra, assim sendo, ele é uma ponte de ligação entre eles. Baseando-se na formação dos "3 Eus" do ser humano, o "Eu superior" é como se fosse uma partilha de Deus e através do "Eu" superior todos estamos interligados, temos uma interligação na Teia da Vida. Se todos nós temos ligação, é possível atuar não só em sua própria vida, mas na vida de outra pessoa através do "contato" entre os "Eus" superiores.

O talento deste princípio é o esclarecimento, é quando o ser se torna consciente da sua ligação com o Universo e faz claramente a ligação entre seu "Eu" e o Universo, transformando o homem em um ser holístico. O desafio para este princípio é a limitação, quando o ser se limita a aceitar esta verdade, que faz parte de sua própria essência. A cor do KALA é o vermelho.

3º Princípio: A energia segue o fluxo do pensamento (MAKIA)
Corolários: *A atenção segue o fluxo energético. Tudo é energia. Utilização do fluxo de energia.*

Uma vez que tudo é energia, inclusive nossos pensamentos, se focalizarmos em um pensamento, o fluxo energético estará sincronizado a ele e nossa atenção seguirá este fluxo energético. O nosso foco está onde o nosso pensamento está e a energia simultaneamente. Mesmo porque não há como separar a energia do pensamento, pois pensamento é energia e sendo ele o foco, nós estaremos depositando nele a nossa energia vital, então se formará o fluxo de energia e desta forma os dois caminharão juntos.

Para ficar mais claro vou dar um exemplo. Vamos supor que você tenha uma prova a fazer e seu filho (a) ou algum parente esteja passando mal. Você vai para o local da prova, mas o seu pensamento está no seu filho (a) ou parente. O seu corpo está presente no local, mas a sua mente está com a atenção em outro assunto e você não consegue focar a sua atenção à prova. De repente você para e pensa: "Preciso focar na prova", começa a ler a prova, entende alguma questão a ser feita, e logo seu pensamento já volta para seu parente e você repete esta sequência algumas vezes até terminar a prova. Sua mente está confusa. Sai da prova dizendo que não estava com cabeça, que não conseguiu fazê-la direito. A sua atenção estava na pessoa querida, o seu fluxo energético de pensamento estava para a pessoa e consequentemente não conseguiu direcionar a sua atenção à prova, pois sua energia não estava fluindo para ela. Portanto, um talento deste princípio é o foco, você conseguir manter a sua atenção, o seu foco onde é necessário, a sua energia seguirá os seus pensamentos e você cumprirá sua missão integralmente, inclusive com esta sensação de integral, de inteiro, pois você estava inteiro ali. Seu corpo e sua mente estavam conectados em

50 | HO´OPONOPONO - MÉTODO DE AUTOCURA HAVAIANO

determinada atividade. Já o desafio deste princípio é a confusão, um aspecto que está ligado ao fato de a pessoa dividir a sua atenção e dispersar a sua energia ao invés de focá-la. A cor deste princípio é laranja.

4º Princípio: Seu momento de poder é agora. (MANAWA) Corolário: *Tudo é relativo. Utilização do momento presente.*

Tudo é energia e boa parte do que vivenciamos da nossa realidade somos nós que criamos. Nada se pode mudar no passado e nada se pode fazer em um momento que ainda não chegou – o futuro. O aqui e agora, o presente, é o único momento em que podemos de fato agir e fazer com que planos se tornem realidade. Em momento presente você pode se organizar para um momento futuro, você está no aqui e agora definindo quais serão seus passos para que consiga manter o foco e atinja seu objetivo dentro de um prazo ou simplesmente atingi-lo. A partir do instante em que os passos a serem tomados estiverem definidos, o objetivo só se tornará concreto quando você agir, quando você depositar a sua energia naquela ação para que dela surja algo. Para isso é preciso foco, que a sua atenção esteja no momento, seu corpo e sua mente estejam unificados trabalhando no presente. De nada adianta pensar, pensar, decidir, se não houver ação. E ação é no presente. Quanto mais presente estiver no aqui e agora, mais produziremos e colheremos de nossos feitos. E por isso repito a ideia do princípio, seu momento de poder, seu momento de fazer é no agora.

O talento ou atributo deste princípio é a presença, pois se estivermos presentes com corpo e mente, a nossa unidade como ser humano estará no momento para que possamos agir e construir. E o desafio deste princípio é a procrastinação, pois mesmo que seja uma grande ideia, se ficar somente no pensamento, adiando a execução no aqui e agora, de nada servirá. Isso é tão forte para os kahunas que na língua havaiana só existe palavras no presente. A cor deste princípio é amarela.

5º Princípio: Amar é compartilhar. (ALOHA)
Corolário: *O amor aumenta quando o julgamento diminui. Tudo está vivo, atento e reativo. Utilização do poder do amor.*

Tanto já ouvimos sobre amor ao próximo, inclusive é um mandamento que resume sete dos dez mandamentos de Deus: *Amarás ao teu próximo como a ti mesmo* (Mc 12,31). Apesar de simples a ideia, a sua compreensão precisa ser interiorizada por nós. É preciso sentir dentro de nós o amor pela vida, pelas pessoas e seres vivos. Sentimos o amor através do nosso chacra cardíaco que responde com uma expansão de seu campo magnético. Amar é não julgar. E quando não julgamos o próximo e sim o enxergamos, por meio de palavras, pensamentos, imagens ou atitudes transferimos esta energia para ele o abençoando. Um Xamã é capaz de abençoar o bem potencial, desejando sucesso às pessoas a quem se dirige. Ele pode abençoar reconhecendo uma qualidade ou dando ênfase a uma característica ou condição positiva, possuindo a intenção de que aquilo que foi reconhecido cresça ou aconteça.

Quanto mais felicidade a pessoa sente, mais sorte ela terá. Pois a energia da felicidade vibra em uma frequência vibratória que atrai mais felicidade e mais sorte. A pessoa que é feliz também é capaz de sentir mais felicidade pela outra pessoa e, consequentemente, tem mais capacidade de abençoar o próximo.

O talento deste princípio é a benção, a emissão de boas energias para o próximo. E o desafio é a raiva, que faz com que se emitam sentimentos, energias de má qualidade e praguejamentos. A cor deste princípio é verde.

6º Princípio: Todo o poder vem de dentro. (MANA)
Corolário: *Tudo tem poder. O poder vem da permissão (da criação). Utilização do poder da permissão (da criação).*

Esta energia que nós absorvemos – MANA – é o nosso alimento vital, o que nos dá vitalidade, o que nos dá vida. Esta é a energia que será utilizada em trabalhos de energização, em transferência de energias, em bênçãos e através dela pode-se dar poder a algo, seja uma pessoa ou um objeto. Energizamos com MANA a que queremos atribuir poder. E da mesma forma que podemos dar o poder, podemos tirar.

Para que algo ganhe poder é necessário colocar intenção a este objeto ou pessoa, permitindo que nossa energia seja aplicada. O talento deste princípio é a permissão, enquanto o desafio é o medo, pois o medo é uma barreira que impede que a transferência de energia seja efetuada. O medo é um sentimento que, ao ganhar força, ou seja, se você der permissão para o medo, ele imobiliza as ações. A cor deste princípio é azul.

7º Princípio: A eficácia é a medida da verdade. (PONO)
Corolário: *Existe sempre outra forma de se fazer algo. Utilização do poder da flexibilidade.*

Neste princípio os Xamãs têm como verdade o que é eficaz. Se algo não está funcionando como o usual, por que não mudar a forma de agir ou pensar? Práticas kahunas, como o Ho'oponopono, mesmo não tendo as comprovações científicas, apresentam resultados excepcionais. Vamos aproveitar o conhecimento e usufruir seus benefícios.

Este princípio é uma quebra dos paradigmas humanos, o que é essencial. Pois neste momento estamos vivendo na Terra, e os seres humanos estão se reconectando à própria essência, voltando a se ligar com a natureza que faz parte do Todo, assim como cada um de nós. É o momento do *religare*. As pessoas estão buscando respostas para sentimentos, sensações, para a vida, procurando sua causa, descobrindo a Fonte Divina e adquirindo um novo significado na vida.

O talento deste princípio é o tecelão de sonhos. Os Xamãs conseguem induzir os sonhos para que ele estabeleça conexões sutis com o divino e entre todas as interconexões existentes sejam com animais ou plantas, com a ancestralidade e até com os quatro elementos da natureza. É por meio do sonho que você vai estabelecer a conexão e pelas habilidades ativadas por ela pode-se receber informações e normalmente o que se está sonhando está sendo trabalhado no inconsciente sutil. Mas, a mente humana pensa tanto que camufla cada vez mais esta percepção. Quanto mais se praticar, mais claros e evidentes os sonhos se tornam. Os Xamãs tecem seus sonhos e podem ajudar outras pessoas a tecerem os seus.

O desafio deste princípio é a dúvida, no caso de uma atividade eficaz como o Reiki, se a pessoa tem dúvida, ela não se conecta. Já no caso dos sonhos, a dúvida é se este é real, que trabalha a pessoa de forma inconsciente, se passa alguma informação, conhecimento ou se é um sonho conduzido pela mente. Um filtro dos sonhos pode ajudar neste caso, exatamente para filtrar estes sonhos influenciados pela mente e não por conexões sutis. A cor deste princípio é lilás.

6.1 - Princípios do Ho'oponopono

Abaixo estão os princípios do Ho'oponopono. Pode-se observar que eles derivam dos princípios Kahunas e se baseiam principalmente no pensamento, pois pensamento é energia e o início dos sentimentos, das ações e de nossa realidade.

- O universo físico é uma manifestação dos meus pensamentos.
- Se os meus pensamentos são destrutivos, eles criam uma realidade física destrutiva.
- Se os meus pensamentos são perfeitos, eles criam uma realidade física repleta de AMOR.
- Sou 100% responsável por criar o meu universo físico do jeito como ele é.

- Sou 100% responsável por corrigir os pensamentos destrutivos que criam uma realidade enferma.

- Não há o lá fora. Tudo existe como pensamentos na minha mente.

Momento de prática:

Vá para seu lugar de silêncio. Aquiete-se, respire mais profunda e lentamente. Faça sua oração e pedido em cima das questões que definiu no capítulo 3 e repita o mantra.

7

Variações no uso do Ho´oponopono

Com certeza existem diferentes formas de se praticar o Ho´oponopono. Se você entender qual é a essência do método, da filosofia Huna, e interiorizar estes valores, vai conseguir praticar naturalmente.

No penúltimo capítulo descrevo algumas formas que particularmente pratico o Ho´oponopono, como por exemplo a reza associada ao uso do tambor. Neste formato, fazemos uma oração e depois, ao tocar o tambor ritmadamente, a mente se esvazia, somado a um propósito definido. O ressoar do tambor em resultado ao magnetismo da Terra, dá força à sua intenção e o traz inspiração através da mente entregue num momento de pura conexão.

Um dos Ho´oponoponos mais fortes que ja pratiquei em minha vida, foi ajoelhada em uma igreja na cidade de Toledo na Espanha. A reza, somada a respiração profunda e ao sentimento mais sincero de perdão, aceitação, amor e gratidão, naturalmente transbordados em meu "peito", fez-se de um pedido, talvez o mais importante da minha vida, ser concedido em pouco tempo.

De qualquer forma, o Ho´oponopono mais conhecido hoje é o da Identidade Própria, adaptado por Morrnah Nalamaku Simeona (19/05/1913 a 11/02/1992). Morrnah foi filha de nativos Havaianos e sua mãe Lilia foi considerada uma das últimas kahunas, tida como sacerdote que curava somente com as palavras. Morrnah tambem foi massagista durante 10 anos em spas de hotéis no Havaí. Ela ensinou esta técnica para o Dr. Ihakeakala Hew Lee que foi seu ajudante durante dez anos. Dr Hew Len foi trabalhar em um Hospital Estatal do Havaí, onde ficou durante três anos. Foi responsável pelo pavilhão psiquiátrico, onde se encontravam mentalmente doentes e criminosos perigosos.

A pintura das paredes não fixava, muitos ruídos estranhos pela noite assombravam o local, os empregados andavam encostados nas paredes para não serem atacados pelos internos e muitos apareciam com problemas de saúde. Nenhum outro psicólogo conseguiu permanecer no emprego por mais de um mês. Com a técnica da Identidade própria, Dr. Hew Len obteve êxito em seu trabalho, curando os 40 internos. Aos poucos as solitárias foram sendo desativadas, foram introduzidas atividades lúdicas aos internos, o número de visitas aumentou, diminuíram o uso de camisa de forças e foram introduzidas atividades profissionais. Esta história ganhou força com o livro de Joe Vitale, *Limite Zero* e tornou a técnica mais conhecida.

O Ho'oponopono é uma técnica praticada pelos kahunas há três mil anos. Os sacerdotes decidiram ensiná-lo à sociedade a fim de curar seus males. No sistema Huna, todos deviam participar do processo de transmutação e cura, sendo um processo interpessoal. Mas esta atividade era adequada a um povo espiritualizado, conectado à natureza e consciente da igualdade entre as pessoas perante o Divino, do mesmo modo a interconexão entre tudo e todos. Agora como adaptá-la para a sociedade moderna, individualista e que corre contra o tempo? No Ho'oponopono da Identidade própria, devemos admitir 100% da responsabilidade para nós próprios, sendo um processo intrapessoal. Nesta técnica, somente uma pessoa capaz de se admitir 100% responsável pelos males é capaz de transmutar todas as memórias do paciente e de pessoas envolvidas com o fato em questão. É uma técnica que pode ser efetuada em qualquer local, desde que o terapeuta esteja em silêncio e com a mente focada na "limpeza" de memórias, e é feita por uma só pessoa, não dependendo de outras. A adaptação do antigo Ho'oponopono praticado no sistema Huna, para o Ho'oponopono da Identidade Própria, feita por Morrnah, foi essencial para que esta técnica fosse bem aceita na nova sociedade, se enraizasse e estivesse adaptada às necessidades da atualidade, sendo algo prático, independente e eficiente.

8

Vantagens e Benefícios do Ho'oponopono

Esta técnica de cura havaiana somente pode ser compreendida de fato após a utilização e prática. No início fica difícil entender como somos responsáveis por tudo o que está à nossa volta, não somente por nossos sentimentos e pensamentos, mas também pelas atitudes e comportamento de outra pessoa e, até desastres mundiais. Aliás, este é ponto mais difícil da técnica, aceitar a responsabilidade pela sua realidade e não colocar a culpa no próximo. Quando se começa a praticar, sem querer controlar os resultados, deixando o ego de lado e recebendo respostas e transformações inspiradas pelo divino, a pessoa percebe o poder desta prática e entende o porquê o Ho'oponopono está sendo difundido cada dia mais. Assim, de acordo com o que disse o psicólogo pesquisador da técnica Max Freedom Long, não precisamos desistir de nossa fé por conta do aprendizado desta nova técnica, podemos continuar sendo budistas, ou católicos, ou reikianos, etc, o Ho'oponopono não é a verdade absoluta, existem outras verdades, mas podemos adicioná-lo ao nosso cotidiano, mesmo porque possui muitas vantagens e benefícios. Vamos observar estes pontos positivos da técnica.

1. Simplicidade e praticidade

O Ho'oponopono é uma técnica simples e prática de ser executada. A única coisa que fazemos nesta técnica, a partir do momento que nos responsabilizamos 100% por tudo à nossa volta, é curar em nós próprios o que pode estar acontecendo para que uma situação ou acontecimento tenha aparecido em nossa vida. Para isso, a única coisa a ser feita é repetir as palavras "Sinto muito, Me perdoe, Eu te amo e Obrigado" por algum tempo, até que você sinta o assunto esgotado. Pode fazer quanto tempo quiser; repetir o assunto se necessário, até que perceba sua melhora. Portanto, é uma técnica que pode ser feita em qualquer lugar, horário e não precisamos de nenhum equipamento ou preparativos para sua realização.

2. Rompe tempo e espaço

Apesar de o Ho'oponopono ser empregado no presente, assim como a filosofia Huna, sua filosofia de origem, ele trabalha passado e futuro. De qualquer forma, esta técnica trabalha com memórias que são adquiridas ao longo da vida e até mesmo de vidas passadas, trazendo benefícios em nossas vidas e novos caminhos que se abrem. Então, o Ho'oponopono acaba atuando no momento passado, presente e futuro. Atua multidimensionalmente, já que a energia trabalha na quarta--dimensão que não tem tempo espaço e trás benefícios para a terceira dimensão.

3. Holístico

Holístico vem do vocábulo grego holos, que quer dizer total, ou seja, a energia agente na técnica do Ho'oponopono atua na totalidade do ser, nos corpos físico, emocional, mental e espiritual. Dr. Hew Len provou a eficiência desta técnica para a psique curando uma clínica inteira de internos psiquiátricos, trabalhando individualmente em cada caso das pessoas ali existentes.

Muitas doenças físicas foram curadas pela própria Morhnan que aperfeiçoou o Ho'oponopono e o introduziu na sociedade. Um sentimento pode ser mudado quase que instantaneamente com a repetição das quatro frases mantras integrantes do Ho'oponopono. O importante é aplicar a técnica repetidamente para a situação em questão, para que se possa esvaziar a mente, abandonando a memória e dando espaço para a inspiração. E o divino poderá atuar em qualquer que seja o corpo em questão de tratamento, podendo abandonar velhos hábitos ou padrões de pensamento e emoções que faziam parte de uma memória, e os transmutando dá espaço para o vazio. Assim a conexão com a divindade é facilitada para que ela possa atuar em qualquer segmento da vida da pessoa.

4. Não tem polaridade e seguro

Todos nós temos energia yin e energia yang. As pessoas podem apresentar desequilíbrios energéticos, apresentando predominância de um dos tipos de energia. Uma pessoa que apresenta mais energia yin pode apresentar comportamentos de desânimo, apatia, melancolia, depressão, enquanto uma pessoa com predominância yang pode apresentar traços de impaciência, intolerância, irritabilidade, agressividade e hiperatividade. Existem técnicas polarizadas que podem potencializar o efeito do desequilíbrio, apresentando um resultado negativo caso empregada erroneamente. No caso do Ho'oponopono, a pessoa se esvazia, para que desta forma entre em conexão com a divindade e possa atuar através da inspiração, seja para o próprio praticante ou para uma outra pessoa a qual esteja recebendo as bênçãos desta prática. Assim, a energia canalizada será de acordo com cada situação, dando resposta à prece que foi feita baseada na fé de uma força maior.

5. Expansão da consciência

Utilizar o método do Ho'oponopono da Identidade Própria da Morrnah Simeona, antes de tudo é utilizar quatro mantras poderosos, que são baseados na energia do reconhecimento, do perdão, do amor e da gratidão.

Durante a prática, além de sentir o poder destas palavras atuando em sua vida, você vai perceber dentro de si mudanças instantâneas de sentimentos, mudança interior, e conforme você for adquirindo mais compreensão dos mantras, irá perceber um aumento significativo da força empregada ao repetir as palavras *Sinto muito, Me perdoe, Eu te amo, Sou grato*. A pessoa passa a perdoar mais, a amar mais e a agradecer mais por tudo na vida. Com o tempo, a prática passa a ser natural e pode ser utilizada a qualquer momento.

De acordo com meu pai, Johnny De 'Carli, seguem alguns dos benefícios da expansão de consciência: "redespertar nossa ligação espiritual com o Criador; alargar nossos horizontes; expandir a conexão com o nosso Eu superior; aumentar a compreensão dos mistérios da vida; aumentar a sensibilidade; desenvolver o chacra cardíaco e fazer crescer a consciência de amor e a capacidade de ajudar de forma incondicional".

Da mesma forma que usamos a expansão de consciência para o Reiki, podemos aplicar o mesmo conceito para o Ho'oponopono, tendo em vista que ambas as técnicas possuem objetivos e consequências em comum.

Ho'oponopono é a realização espiritual,
pois te reconhece como a fonte criadora.

6. Não é religião

O Ho'oponopono é um método originário dos Xamãs, que foi reformulado por Morrnah e passado à sociedade a fim de melhorar os problemas da Humanidade. Cada dia ganha mais reconhecimento, sendo utilizado até em cursos de outras áreas como, por exemplo, a financeira.

Ninguém precisa deixar a sua religião ou o seu credo, porque passou a praticar Ho'oponopono, não existe uma verdade absoluta e existem sim verdades. O que eu sugiro, assim também o psicólogo Max Freedom é somar esta técnica em sua vida, não abandonar sua religião ou práticas presente em sua vida, continue fazendo o que faz desde que seja de acordo com as leis divinas, e pratique Ho'oponopono. Só poderá realmente compreendê-lo quem praticar. Sugiro que você faça para pensamentos que não gostaria de ter, no momento que pensar repita algumas vezes: Sinto muito, Me perdoe, Eu te amo, Sou grato. E após essa prática sinta a diferença dentro de si próprio.

7. Não desgasta o terapeuta

Muitas terapias desgastam o terapeuta por este doar parte da sua energia vital, a energia ki. O desgaste contínuo do doador sem a devida reposição de energia tende a deteriorar seu sistema imunológico, defesa natural do corpo contra doenças. E que pode também desequilibrar a pessoa emocional, mental e espiritualmente. Assim como o Reiki, o Ho'oponopono não desgasta a pessoa que fizer a prática para outra pessoa. O praticante não utiliza sua energia vital, ele entra em conexão com a divindade para que, através do seu Eu superior conectado, energize o Eu superior de outra pessoa, uma vez que este seria a Centelha Divina, uma parte da divindade que todos nós possuímos e que nos torna interconectados, mostrando-nos que todos nós fazemos parte de Um todo.

8. Autotratamento

A maior parte das técnicas não pode ser aplicada em si mesmo. O Ho'oponopono pode ser aplicado para a sua vida e para a vida de outra pessoa em qualquer que seja a questão, tanto fisicamente, quanto emocionalmente, mentalmente e espiritualmente. A energia divina poderá atuar em quaisquer circunstâncias curando, inspirando as pessoas. Seja nas doenças – temos casos bem-sucedidos de doenças para as quais a princípio não havia cura, ou doenças mentais. Pode ser aplicado no dia a dia, no trabalho, para melhorar os negócios e as finanças. Independentemente se o trabalho é feito para você ou para o próximo, esta técnica é indicada para todas as situações em que o objetivo final esteja de acordo com amor, humildade, perdão e agradecimento.

9. Sem diagnóstico

O Ho'oponopono não exige diagnóstico da patologia ou disfunção para que um tratamento seja bem-sucedido ou um pedido de transmutação. Isso acontece porque a energia divina é uma energia inteligente. Penetra no corpo do receptor e por meio dos meridianos energéticos e chacras dirige-se até a causa ou origem dos desequilíbrios ou enfermidades.

O diagnóstico é uma prerrogativa médica. O terapeuta que o realizar estará exercendo ilegalmente a medicina, com implicações jurídicas pesadas previstas pelo Código Penal, tais quais: o charlatanismo e o curandeirismo. Afinal, para que um diagnóstico seja realizado com competência e sucesso, a pessoa deverá dedicar anos de sua vida ao estudo de anatomia, fisiologia e bioquímica.

10. Não fica obsoleto

Agora me veio à lembrança o primeiro poema do Imperador Meiji escolhido por Mikao Usui, a Lua:

Ocorre uma profunda mudança
Porque tanta gente partiu deste mundo
Mas a Lua em uma noite de outono
Permanece sempre a mesma.

O Imperador se refere à Lua, pois esta possui fases assim como a vida de cada um de nós possui fases e as civilizações também. O outono é uma época de mudanças das plantas, das folhas, e do mesmo modo há mudanças na evolução da Terra e dos seres humanos. Mas quando diz que a Lua de outono permanece a mesma, quer dizer que o que vêm de Deus não muda. A energia do Cosmos, do Divino sempre foi e será a mesma, enquanto as coisas dos homens mudam. Um simples computador, por exemplo, por mais desenvolvido que seja tecnologicamente, em dois anos se torna ultrapassado.

A prática do Ho'oponopono é milenar, foi muito utilizada pelo povo Kahuna, pelos Xamãs, mas somente agora está sendo mais reconhecida pela Humanidade, pois faz pouco tempo que nos foi revelada.

11. Beneficia todo ser vivo

Algumas técnicas não poderiam ser efetuadas em plantas ou animais. Já o Ho'oponopono pode trabalhar com toda a criação divina, tudo que faz parte da vida e envolve pessoas e seres vivos. Podemos inclusive praticá-lo para plantas, florestas e animais, já que a energia utilizada é universal e a todos pertence. Sendo assim, a energia no Ho'oponopono, assim também no Reiki, também trabalha a distância, uma vez que a energia atua a partir da quarta dimensão e a quarta dimensão não possui tempo e espaço.

12. Complementar

O método do Ho'oponopono pode ser utilizado tanto sozinho quanto combinado terapeuticamente a outras técnicas convencionais da medicina ou até mesmo a outra terapia alternativa. Lembrando que não existe polaridade neste método, não interferiria em nenhum trabalho, ao mesmo tempo em que canalizaria a energia divina para tal doença ou situação.

Momento de prática:

Vá para seu lugar de silêncio. Aquiete-se, respire mais profunda e lentamente. Faça sua oração e repita o mantra.

9

Três "Eus"

Agora abordarei um dos assuntos que acredito ser dos mais importantes deste livro. Os "Três Eus", assim como apresentarei um diagrama que representa bem como acontece a transmutação de energia no Ho´oponopono. Mas antes quero que você siga minhas conexões de pensamentos até chegarmos ao ponto dos "Três Eus".

No livro *O homem e a sociedade, uma introdução à sociologia* de autoria da professora Maria B.L. Della Torre, estão presentes comparações muito interessantes entre os homens e os animais em sociedade. Se você observar um cachorro nascido e criado no Brasil ao encontrar um cachorro nascido e criado no Japão, por exemplo, ambos conseguirão se comunicar caso queiram, assim também os pássaros conseguirão e outros animais da mesma espécie. Por outro lado, você, ser humano, nascido no Brasil terá dificuldades em se comunicar com outro ser humano de outra etnia, a não ser que tenha conhecimento do seu idioma. Analisando agora estas informações, observamos que o ser humano é o único capaz de estudar e se desenvolver em qualquer assunto que desejar, é o ser mais desenvolvido intelectualmente que existe no nosso Planeta Terra. Mas apesar disso, ele é o ser mais dependente do outro da mesma espécie. Como digo: *O que seria de um engenheiro civil sem um pedreiro?*

Nós seres humanos, dependemos uns dos outros para sobreviver. Precisamos dos engenheiros, dos pedreiros, dos médicos, das faxineiras, das manicures, dos cabeleireiros, dos professores, dos pesquisadores, das secretárias e assim por diante. Agora a minha ou a sua personalidade seria diferente se por acaso você tivesse nascido em outro país sem ser o que nasceu. Assim podemos perceber mais o quanto a nossa cultura nos influencia e principalmente quem está mais perto, a nossa família. Da mesma forma que a família influencia no seu caráter, os acontecimentos que ocorrem ao decorrer do tempo na sua vida também ficam enraizados em sua memória subconsciente.

Isso faz com que você tenha um padrão de comportamento e tenha determinadas reações a situações na sua vida. Pois, é certo que uma mesma situação para duas pessoas diferentes apresentará reações diferentes. Uma situação que pode estressar uma pessoa pode não significar muita coisa para outra pessoa que vai lidar com toda tranquilidade para resolver a questão. Tudo depende da memória inconsciente de cada ser humano. E o que isso importa para o Ho'oponopono?

Este é o ponto onde queria chegar. Mostrar em essência a personalidade de cada um e que todos nós possuímos padrões de pensamentos e comportamentos que fazem parte da nossa memória.

O Ho'oponopono defende que precisamos limpar nossas memórias, transmutando-as para que entremos em contato com o divino através do vazio. E o divino pode mudar sua forma de enxergar a vida, pode mostrar soluções para o que parecia não ter saída, mesmo que tudo na vida passe, pode apresentar-lhe uma forma divina de fazer você encontrar uma solução mais adequada, mais sábia, mais equilibrada e que te abrirá portas para algo novo, que transformará você e sua vida.

Se a pessoa fica presa em suas crenças, inflexível a novas ideias ou mudanças, encontrará mais dificuldades ao longo da vida, pois já está armada, ela já possui a resposta à sua forma de ser para as situações e desta forma não consegue mudar o resultado, se os fatores já estão pré-determinados. E por isso, às vezes, encontramos pessoas que há anos estão buscando a felicidade e há anos seguem reclamando que nada muda, e cada dia que passa a tristeza aumenta. É preciso deixar um espaço vazio, para que coisas novas, novos aprendizados e formas de pensar entrem em sua vida e de fato a transformação exista. Permita-se.

E agora retomaremos o assunto dos "Três Eus" e vamos entender, como o Ho'oponopono nos explica esta teoria que Osho já vivia e explicava: *O mestre é um espelho vazio.* Nós somos formados por "Três Eus". O Eu básico ou Unihipili, também chamado de Mente Subconsciente, onde se encontram todas as memórias que passam ao longo da nossa vida e até de vidas passadas, que seria o nosso inconsciente. O Eu médio ou Uhane, também chamado de Mente consciente, o nosso Ego consciente, que quer manter o controle. E por fim nosso Eu superior ou *Aumakua*, nossa Mente Superconsciente, que é a Centelha Divina. Entrar em contato com *Aumakua* é reestabelecer o *Religare*, palavra que vem do latim "ligar novamente", ou seja, reestabelecer esta ligação é entrar em contato com sua essência. E acima do Eu superior temos a Fonte Divina, o infinito, também chamado de Inteligencia Divina pelo Dr Hew Len. Estes são os quatro membros do Ho'oponopono da Identidade Própria, desenvolvida por Morrnah Simeona.

A princípio os quatro membros do Ho´oponopono da Identidade Propria são considerados o estado inicial do vacuo, ou seja "o vazio", pois esta é a essência da criação divina, uma vez que tudo o que os cientistas sabem é que antes da explosão do Big Bang não havia tempo e nem espaço e dizem ser difícil afirmar se havia algo anteriormente. O big bang era uma imensa massa compactada com altas temperaturas que por fim explodiu, "a grande explosão", o big bang. E a partir daí, o Universo foi se expandindo, as partículas foram se esfriando e formando as estrelas e galáxias. Sabe-se que esta expansão continua e que as galáxias continuam se afastando umas das outras. Sendo assim, é tido como verdade que o Universo veio do vazio. O vazio é o alicerce de todo o Cosmo. É também chamado de vácuo ou estado zero, de acordo com Dr. Hew Len é o estado que antecede a infusão de uma inspiração procedente da Fonte Divina para a Mente Subconsciente. Experimente conectar-se e esvaziar sua mente ao procurar uma resposta. Tire suas próprias conclusões.

Quando as memórias estão atuando, elas deslocam este vazio e impedem que as inspirações aconteçam. Como diz a precursora do Ho'oponopono da Identidade Própria, Morrnah Nalamaku Simeona: *Limpem, apaguem e encontrem seu próprio Shangri-Lá. Onde? Dentro de vocês mesmos.* No mundo ocidental, Shangri-Lá é entendido como um paraíso terrestre oculto ou pode ser entendido na forma de harmonia, paz e felicidade, qualidades que estão no nosso interior e que muitos passam a vida buscando algo que já nos pertence.

Os diagramas a seguir foram refeitos com base nos diagramas criados pelo Dr. Hew Len e por Joe Vitale, apresentados no livro Limite Zero. O primeiro deles representa os 3 Eus no estado do vácuo, do vazio.

Diagrama I: Representação dos 3 Eus no estado do vácuo, do vazio

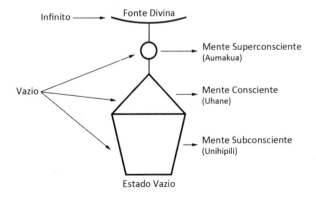

Os quatro membros do Ho´oponopono da Identidade Própria (Unihipili, Uhane, Aumakua e a Fonte Divina) trabalham juntos na forma de uma unidade. Sendo que cada membro possui uma função e papel únicos e essenciais na solução de memórias que se encontram e se repetem na Mente Subconsciente (Unihipili). A Mente Superconsciente (Aumakua) não é influenciada pelo Unihipili, sendo una com a Fonte Divina e desta forma, quando uma se move, a outra acompanha.

Existem somente duas formas de nós seres humanos agirmos – ou agimos de acordo com nossa memória, ou agimos por inspiração. Somente uma destas formas pode estar no comando da Mente Subconsciente em determinado momento. E mesmo que as memórias atuantes, repetidamente desloquem o vazio, elas não destroem o vazio, pois, como o vácuo pode ser destruído? Ele simplesmente é indestrutível! E por isso ao transmutar uma memória, esta energia se encontra em uma nova forma, dando lugar ao vácuo, ao vazio, ao nada.

Diagrama II: Representação dos 3 Eus no estado de inspiração / estado de memórias se repetindo

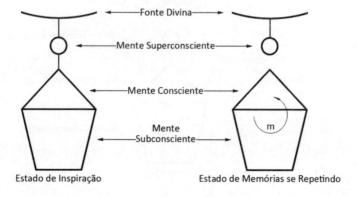

O segundo diagrama representa o esquema das operações da Identidade Própria, agindo ou pelo Estado de Inspiração ou pelo Estado de Memórias se repetindo. Sendo que a Mente Consciente, Uhane possui duas formas de atuação: pode decidir entre iniciar o processo de Ho'oponopono transmutando as memórias ou pode atuar de acordo com as memórias agindo através dos pensamentos, apresentando ações pré-moldadas pelo caráter ou culpando.

Se você decidir praticar o Ho'oponopono, a seguir explicarei como se dá este processo de transmutação e inspiração. Observe este terceiro diagrama.

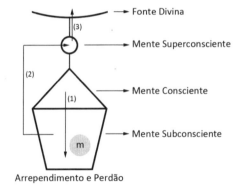

Diagrama III: Representação do Ho'oponopono da Identida Própria solucionando problemas

O primeiro passo é você querer, pois assim irá iniciar o processo da técnica. Isso quer dizer que você entra em contato com Aumakua (Mente Superconsciente) pedindo que ela transmute a energia desta memória. Aumakua então reconhece que a sua Mente Inconsciente (Unihipili) é totalmente responsável por tal memória. Assim seu pedido sai da Mente Consciente (Uhane) e vai para a Mente Inconsciente (Unihipili), desta forma despertando as memórias que estão em questão para serem transmutadas. Da sua Mente Inconsciente (Unihipili), a memória vai para sua Mente Superconsciente (Aumakua) que revê seu pedido, buscando uma solução, uma vez que é ligada à Fonte Divina e estão em perfeita sintonia. Assim, a Fonte Divina recebe a informação, como se revisasse a ação da Mente Superconsciente enviando para baixo a resposta já transmutada à Mente Superconsciente, que por sua vez vai para a Mente Consciente. Desta forma, você obterá respostas e soluções e que ao chegar à Mente Subconsciente neutralizam as memórias designadas que deixam um vazio, devido à energia ter sido transmutada pela Fonte Divina. O diagrama abaixo é referente à neutralização da memória.

Diagrama IV: Ho'oponopono da Identidade Própria *(Solucionando Problemas)*

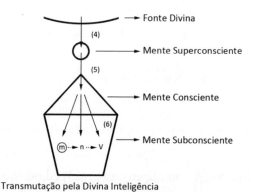

Transmutação pela Divina Inteligência

Agora uma dica para ajudar a não condicionar a sua mente consciente a possuir mais memórias. Permita-se gostar de uma cor diferente, de uma comida diferente, andar diferente, falar de uma forma diferente, sendo livre para o novo, sendo livre para inspirar-se. Quando tiver alguma dificuldade, procure não julgar e não se preocupar e sim, se esvaziar.

Se você julgar, o Ho'oponopono não irá funcionar, pois Ho'oponopono é energia e qualquer tipo de bloqueio pode parar um fluxo energético.

Momento de prática:

Vá para seu lugar de silêncio. Aquiete-se, respire mais profunda e lentamente. Faça sua oração e repita o mantra. Se já conseguiu algum resultado perceba-o e agradeça. Trabalhe em outro pedido.

10

As Sete Dimensões Espirituais

Figura.: Matryoskas

A palavra dimensão do latim (mensio, ónis) significa medida. O sete é um número expressivo na organização do Universo, assim também na Bíblia é dito que o mundo foi criado em sete dias, possuímos sete dias na semana, sete notas musicais, sete cores do arco-íris, sete camadas atômicas. As dimensões estão uma dentro da outra como as bonecas russas Matryoskas estão dentro uma da outra.

Os níveis dimensionais são na verdade diferentes valores de comprimento de onda. Para mudar de uma dimensão para a outra, a diferença está simplesmente entre o comprimento da sua forma de onda básica. Assim como ao mudar a estação do rádio encontramos uma nova frequência, um novo comprimento de onda, se nós fôssemos capazes de mudar o comprimento de onda da nossa consciência, mudaríamos o padrão de nosso corpo e desapareceríamos desta dimensão e reapareceríamos em outra dimensão com a qual estivéssemos em sintonia.

É difícil ter a visão das dimensões, mesmo porque estamos falando de algo que foge à nossa visão clara, com exceção dos videntes e clarividentes e que mesmo assim não têm acesso a todas as informações. A dimensão superior sempre tem consciência das dimensões que estão abaixo dela, do mesmo modo que nós que vivemos na terceira dimensão podemos entender perfeitamente a primeira e a segunda dimensão.

A primeira dimensão é relativa ao comprimento e nela encontram-se animais rastejantes tais quais: lesmas, minhocas e outros seres rastejantes. Estes animais unidimensionais não possuem sentimentos e consciência, somente possuem sensações como calor, frio, vontades, e não criam conceitos.

A segunda dimensão é relativa à largura e nela se encontram animais tais quais: cachorros, girafas, gatos. Apesar dos gatos serem animais bidimensionais, eles já possuem consciência de dimensões superiores. Os animais bidimensionais possuem diferentes graus evolutivos. Além de serem portadores de sensações, eles se comunicam por meio dos cinco sentidos.

A terceira dimensão é o nosso mundo físico, tridimensional, o mundo dos seres humanos, encarnados. Nós além de nos comunicarmos por sensações e pelos cinco sentidos, também nos comunicamos por conceito.

Temos consciência que a quarta dimensão é a dimensão espaço-tempo, considerando-se que espaço e tempo são relativos de acordo com Albert Einstein, pois não há tempo e espaço. Nesta dimensão é que se encontram as formas-pensamento, e fenômenos como a telepatia, ou vai dizer que nunca aconteceu de pensar em alguém e esta pessoa te ligar naquele mesmo instante? É também o chamado Mundo Etérico, onde encontramos o nosso corpo vital, mais conhecido como aura. Dividi-se em duas regiões, a inferior onde se encontram elementos negativos e a superior, positivo, onde se encontram os elementais da natureza.

A quinta dimensão é relativa à Eternidade e se divide entre dois mundos: o astral e o mental. O Ego não consegue atingir esta dimensão. Para ter consciência e domínio desta, é necessário transcender o Ego. Fazemos a passagem da 3ª para a 5ª Dimensão através de pensamentos, palavras e percepção.

O lado positivo do Ego é que a partir dele são criadas as identidades das pessoas, gerando as diferentes personalidades. Se são diferentes não estão unificados em Um, estão na terceira dimensão.

A sexta dimensão é conhecida também como Causal, aqui encontramos a semente do corpo e do mundo causal, é onde encontramos nossa essência. E a sétima dimensão é o universo absoluto. É a dimensão que circunda todas as outras.

O importante é ver que tudo está junto e dentro de um Todo. E que todos juntos manifestamos a realidade. Por isso no Ho'oponopono assumimos toda a responsabilidade de pensamentos e ações próprias e do próximo, pois somente desta forma conseguiremos atingir o nível de consciência necessário para a prática e efetivação do Ho'oponopono. É uma técnica que trabalha em outras dimensões que fogem ao nosso entendimento perfeito. A partir do momento que admitimos a responsabilidade por tudo, encontramos paz interior e que reflete ao redor. O problema está em nós e ao mudarmos a nós próprios, podemos mudar o próximo.

Resolvi falar um pouco das dimensões, pois a primeira vez que assisti a um seminário de Ho'oponopono não conseguia compreender a técnica por completo. Aprendi que eu deveria tomar como ponto de partida a minha responsabilidade por tudo e que o próximo não existia, e que a outra pessoa era um reflexo meu. Não me foi dito nada acerca das dimensões, mas todo momento me vinha à mente que tudo estava interligado (terceira dimensão), que todos somos Um (quinta, sexta e sétima dimensões) e portanto era possível curar o outro ou uma situação com palavras e orações de luz (quarta dimensão). Já em um segundo momento, em que busquei me aprofundar mais na técnica, aprendi uma simples metáfora que deu uma visão melhor sobre as dimensões.

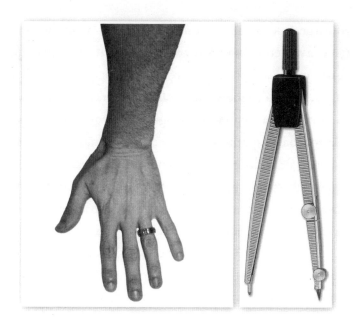

Comparamos algumas dimensões à mão. Os dedos são a terceira dimensão representando a sociedade; o dorso da mão é a quarta dimensão, onde estão nossos pensamentos que fazem a ponte para a quinta dimensão e, a partir dela, já estamos fazendo parte de Um Todo. Também podemos comparar este entendimento sobre as dimensões com um compasso, em que suas pontas seriam a terceira dimensão e que se encontram em um só ponto em sua parte superior.

Nós possuímos sete corpos: físico, emocional, mental, espiritual, etérico padrão, causal e celestial. Percebe-se que eles estão diretamente ligados às dimensões proporcionalmente, assim também estão os chacras.

A primeira dimensão se remetendo ao corpo físico possui somente a matéria, como as lesmas; segunda dimensão ao corpo emocional, já possui emoção, como um cachorro; terceira dimensão se remete ao corpo mental, os homens que já se comunicam por conceitos, ideias; quarta dimensão ao corpo espiritual, onde se encontram as palavras e os pensamentos, som, nossa aura, nossa energia vital; a quinta dimensão relacionada ao quinto corpo, o etérico padrão, em que nos remete à eternidade e que nos começa a unificar ao Todo; a sexta dimensão está para o corpo causal, em que encontramos a nossa essência, a nossa causa; e a sétima dimensão relacionada ao corpo celestial, em que Somos Todos Um.

Estudando Osho percebi que ele possui algumas nomenclaturas que se diferem, mas a explicação é a mesma, pois, tudo é uma coisa só, muda-se a forma de nomear. Quando Osho explica sobre os chacras[1] e os sete corpos, ele deixa claro que cada chacra possui seu lado luminoso e sombrio e que precisamos aprender a utilizá-lo da melhor maneira possível transcendendo-o. Não quer dizer que uma pessoa iluminada não tenha uma reação agressiva, acionando seu chacra básico em determinado momento. Se alguém de sua família estiver correndo perigo, podendo ser atacado por um animal selvagem ou um criminoso, a pessoa utilizará as potencialidades do chacra básico de sobrevivência, reflexo e até mesmo agressividade se for preciso e isso não a fará uma pessoa ruim.

---

1. *Chacra*: São centros energéticos do corpo humano. A palavra *chakra* vem do sânscrito e significa "roda", "disco", "centro" ou "plexo". Nesta forma eles são percebidos por videntes como vórtices (redemoinhos) de energia vital, espirais girando em alta velocidade, vibrando em pontos vitais de nosso corpo. Os chacras são pontos de interseção entre vários planos e através deles nosso corpo etérico se manifesta mais intensamente no corpo físico.

Uma pessoa que houver transcendido o Ego terá atingido seu quinto corpo. Ao entrar em meditação quando a kundalini despertar interligando os chacras, ao passar pelo quinto chacra, que só é atingido após possuir o Ego transcendido, a pessoa começa a escutar "Om", o som do Universo. Quanto mais a Kundalini[2] subir, mais alto e nítido escutará, passando pelo sexto e sétimo chacra. Ao desenvolver e ultrapassar o sétimo chacra, a pessoa interliga-se ao Universo atingindo o Nirvana, a Iluminação. Expliquei isso para ficar mais claro como e por que a partir do quinto chacra começa a existir a unificação do Ser com o Todo.

Acredito que agora possa ficar mais claro a funcionalidade do Ho'oponopono, pois apesar da gente não possuir a resposta de todos os mistérios, o que já foi desvendado pode nos fazer um pouco mais conscientes não só da técnica, mas também do nosso universo.

---

2. *Kundalini*: O primeiro chacra, denominado no ocidente como Chacra Base ou Chacra Raiz é o responsável por manter o fluxo de energia ascendente da terra para o corpo. Emocionalmente ele conecta a pessoa ao mundo presente sendo o responsável pelo bom ânimo. Esse chacra também exerce forte influência sobre os demais 'bombeando' energia da terra (*telúrica*) para cima em direção aos demais centros de energia. Nos pés há chacras secundários, Plantares, que se relacionam diretamente ao Chacra Raiz sendo os responsáveis pela perfeita troca de energia entre o corpo e a terra. A energia telúrica absorvida por esses três chacras, ao ser modificada pelo Chacras Raiz, em seu caminho ascendente aos demais chacras recebe o nome de Kundalini. Técnicas orientais e descrições herméticas relatam o fluxo dessa energia, usando-se a expressão "fogo serpentino", que descreve sua ascensão através dos nadis.

Mantra do Ho'oponopono

Kala man ia' u
No ie kala' ia
Aloha
Mahalo

Sinto muito
Me perdoe
Eu te amo
Sou grato(a)

11

Conscientização para a Prática

Vamos entender mais algumas coisas antes de colocar as novas práticas em uso. Nós somos campos vibracionais feitos de informação que se configurou na 3ª dimensão para nós mesmos, como o desdobramento em outra dimensão que está uma dentro da outra (metáfora com as bonecas matryoskas). Cada um tem uma visão da realidade e a partir disso forma-se a própria realidade. É possível haver transferências entre campos vibracionais e a partir deste conceito temos duas questões: fui eu que criei ou fui eu que atraí?

Mas e o livre-arbítrio das pessoas onde entra? Para o Ho'oponopono não influencia, pois considera-se que tudo o que se vive em realidade é a manifestação do subconsciente, é reflexo interior. Tudo o que está fora é reflexo do que está dentro. Quando se dá uma opinião, esta resulta de toda a informação subconsciente, da memória da pessoa, pois é o subconsciente que dá o sistema de crença para o consciente, mesmo que a pessoa tenha criado ou atraído a situação. O livre-arbítrio é o que pode interromper uma inspiração. De acordo com Jeffrey Schwartz, autor do livro *The Mind and the Brain*, o nosso livre-arbítrio é a nossa vontade consciente que pode cancelar um impulso que se origina no inconsciente. Ou seja, ele se encontra depois do impulso e antes do agir.

Tratando agora de rejeição, no que diz respeito a uma pessoa que não lhe agrade, ela pode apresentar grande probabilidade de possuir um traço semelhante ao seu, mas que está na sombra das duas pessoas e que por isso não é identificado, as pessoas naturalmente não fazem esta ligação. Já um ídolo pode possuir traços semelhantes em que a pessoa se projeta. Pessoas conscientes deste processo podem fazer esta leitura facilmente. Por trás de um monstro, existe uma sombra e quando a máscara cai, a sua visão sobre ele muda.

O ponto é que tudo o que rejeitamos volta na forma de sombra. Porque a rejeição interrompe o fluxo energético, o que faz a energia parar de circular e cria um nó energético. Então, rejeitar uma pessoa que não lhe agrade pode trazer mais contato com ela "por ironia do destino"... Será? E se não for ela, poderá ser outra com mesmos traços, na verdade você estará encarando uma sombra que está em você mesmo. A única forma de liberar este sentimento ou relação problema que vem à tona é encarando e olhando para ele com outros olhos, liberando e transmutando esta energia através do perdão e do amor. Somente o amor liberta.

Muitas vezes não entendemos o problema por não verbalizar. Pessoas que já fizeram psicoterapia provavelmente já devem ter percebido isso. E como já sabemos, o problema é a chave para o Ho'oponopono, é a oportunidade de desatá-lo, de transmutá-lo. Precisamos então pôr o problema em uma frase, delimitando-o. Quanto mais específico e sincero for, melhor, mais chance de conseguir a resposta que você quer através do supraconsciente ou qualquer parte de nosso ser que converse com a gente.

11.1 - O poder do sinto muito, me perdoe, eu te amo, sou grato

O problema existe porque existiu um mau pensamento ou atitude ou porque a pessoa captou pensamentos de campos magnéticos alheios. O campo quântico é proporcional ao seu nível de consciência. Os pensamentos podem estar impregnados de memórias dolorosas de pessoas, lugares ou coisas. Independentemente da causa ou não do problema, pois isso não é necessário para a conclusão da técnica, o essencial é definir o problema. Após este ser definido, a primeira coisa a ser feita é uma prece, inspirando-se e invocando o Universo. Em seguida é preciso assumir o problema, seja dentro do Ho'oponopono individual ou dentro do Ho'oponopono em grupo, e depois arrependendo-se do problema que foi gerado em sua realidade. Ao pedir perdão é como se aceitasse o problema e depois disso transmutá-lo com a energia que liberta – a energia do amor. Dr. Hew Len desenvolveu uma forma simples de alcançar tudo isso através da combinação das frases: Sinto muito – Me perdoe – Eu te amo – Sou grato (a).

Esta sequência são frases chaves de comunicação direta com o Eu básico. Quando dizemos "Sinto muito" estamos assumindo a responsabilidade do problema para nós; ao dizer "Me perdoe" estamos aceitando o problema, não estamos necessariamente de acordo com ele, mas o aceitamos, reconhecendo que aconteceu com suas devidas razões, mas que tal situação não atinge mais você ou já não é um padrão de pensamento necessário em sua vida. Ao enxergar o problema, a dor vai se dissolvendo, pois ela somente pode ser transmutada ao ser reconhecida.

Quando nós dizemos "Eu te amo" transmutamos a energia bloqueada, que é o nó energético que causa o problema, liberando-a. O amor eleva a baixa autoestima, elevando o padrão vibracional (sensação de impotência baixa o padrão vibracional), levando ao Religare, que seria a conexão com sua essência divina. E ao dizer "Sou grato (a)", a expressão da gratidão, considera-se e agradece por já sentir seu desejo realizado, é o reconhecimento pela benção, devolvendo esta energia ao todo, já que a partir da 5ª dimensão somos todos Um. Por sermos todos Um nós purificamos em nós mesmos o problema.

Momento de prática:

Vá para seu lugar de silêncio. Aquiete-se, respire mais profunda e lentamente. Faça sua oração e repita o mantra.

Perceba que já está mais consciente do processo, coloque intenção.

12

Primeira Prática: Respiração-Ha

Ha significa Divino, ou seja, seria uma respiração divina. No Havaí significa "O sopro e a água do divino". Por meio da Respiração-Ha consegue-se produzir Mana. É uma respiração profunda e lenta, em que inspiramos, retemos o ar, expiramos e retemos o ar novamente. Fazendo uma respiração profunda pelo nariz, o ar passa por todas as glândulas, chegando ao chacra básico, equalizando todo o campo. Nesta respiração é importante expirar também pelo nariz, para fechar este ciclo.

Possuímos glândulas referentes ao chacras:

- Chacra básico: Suprarrenais.
- Chacra umbilical: Gônadas, glândulas sexuais femininas e masculinas (ovários e testículos).
- Chacra do plexo solar: Pancreáticas.
- Chacra cardíaco: Timo.
- Chacra laríngeo: Tireoide e Paratireoide.
- Chacra frontal: Pituitária.
- Chacra coronário: Pineal ou epífise.

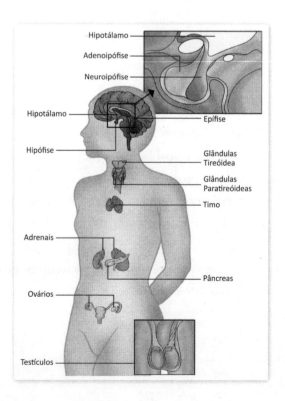

Seu 1º treino pode ser feito com a Respiração-Ha, pois ela é simples, eficiente e o fará absorver a técnica, pois cancela memórias. Esta respiração pode contribuir para curar o estado da depressão.

Após dizer ou pensar na prece ou no seu pedido, inspire repetindo em pensamento as quatro frases "Sinto muito, me perdoe, eu te amo, sou grato (a)" em quatro tempos. Segure por quatro segundos e expire em quatro tempos repetindo novamente as frases, retendo sem ar por quatro segundos. Inspire novamente começando de novo o procedimento. Repita este procedimento dez vezes.

Resumindo:

- Profunda e lentamente.
- Inspirar + quatro frases.
- Reter por quatro tempos.
- Expirar + quatro frases.
- Reter por quatro tempos.
- Ha. (Eu particularmente gosto de soltar todo o ar com o som Ha).

Existe uma segunda possibilidade da Respiração-Ha. Com as mãos faça o procedimento descrito nas imagens a seguir, formando o símbolo do infinito. Onde o dedão é o Divino, o indicador nos representa e o dedo médio foi introduzido agora representando os políticos, para durante a respiração fazer a limpeza destes.

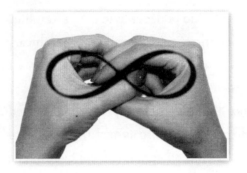

Procedimento correto

a.

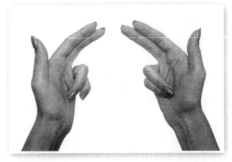

b.

c.

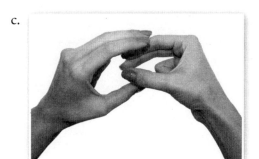

d.

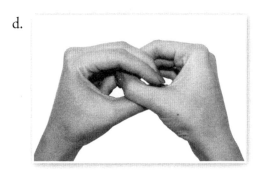

Quando perceber que sua respiração e contagem ficaram mais fáceis, vá aumentando o tempo de inspiração, que segura, expira e segura novamente, chegando à contagem de sete em cada ciclo. É importante não forçar para não hiperventilar, o que causaria mal-estar.

Momento de prática:
Vá para seu lugar de silêncio. Aquiete-se, respire mais profunda e lentamente. Faça sua oração e repita o mantra. Pratique a Respiração-Ha após o pedido.

13

Orações

As orações podem ser feitas tanto praticando a Respiração-Ha em seguida, quanto repetindo apenas as quatro frases: *Sinto muito - Me perdoe - Eu te amo - Sou grato*. Tanto um procedimento quanto o outro se mostraram poderosos. A Respiração-Ha na produção de mana é excelente, enquanto as frases do Dr. Hew Len se tornaram um mantra dentro da técnica, trabalhando aceitação, perdão, transmutação e gratidão. Por isso juntou-se as duas técnicas em uma como foi explicado no capítulo anterior, e que é uma das opções de uso da técnica. A seguir apresento algumas orações que podem ajudar você a especificar o seu problema na prece.

1ª Oração: Relacionamentos

Divino Criador, pai, mãe, filho em UM...
Se eu, minha família, meus parentes e ancestrais
ofenderam a ti (falar o nome de alguém), à sua família,
parentes e ancestrais em pensamentos, palavras,
atos e ações do início da nossa criação até o presente,
nós pedimos seu perdão...
Deixe isto limpar, purificar, liberar, cortar todas as
lembranças, bloqueios, energias e vibrações negativas e
transmute estas energias indesejáveis em pura luz...
E assim está feito.

Esta oração foi criada por Morrnah Simeona "guardião do segredo". É indicada para relacionamento de qualquer natureza. Nesta oração, na primeira frase, "pai" significa Aumakua, "mãe" significa Uhane e "filho em Um" significa Unihipili. Quando se diz "Está feito" funciona como se fosse um "enter", mensagem encaminhada, pois confio em meu Eu superior que está em superconexão com a Divindade.

Pode acontecer de você sentir-se sempre desapontado com alguém. A pessoa não tem correspondido o que você espera em muitas situações. Esta oração vai lhe ajudar a não ter expectativas sobre a outra pessoa, fazendo com que deixe de se magoar em determinadas situações.

2ª Oração: Arrependimentos, doenças, acidentes.

Divindade, eu me arrependo de ter sustentado
pensamentos incorretos (ou ações) que causaram...
(o problema). Eu sinto muito,
Por favor, me perdoe,
Eu te amo,
Sou grato(a).

Se for uma situação que o/a incomode, após trabalhar Ho´oponopono, você tem a chance de limpar o seu campo ou o campo de alguém para quem você está direcionando o Ho´oponopono.

3ª Oração: Prosperidade, meta, procedimento médico.

Divindade, limpe e purifique todas as memórias
de meu subconsciente que possam ter produzido ou
produzir bloqueios ou dificuldades... (o problema).
Eu sinto muito,
Perdoe-me, por favor,
Eu te amo,
Gratidão.

Esta oração é muito importante quando você está precisando atingir metas no plano físico, seja relacionado à saúde, como procedimentos cirúrgicos ou a construção de uma casa. Por isso, ela acaba por trabalhar além da limpeza de memórias, a prosperidade também. Limpa bloqueios, complicações, dificuldades, energias e vibrações negativas na plena prosperidade e abundância financeira. É importante que o problema seja bem especificado.

4ª Oração: Problemas gerais, doenças, acidentes, relacionamentos.

Divindade em mim,
Sinto muito por... (o problema),
Por favor, me perdoe por qualquer que seja o motivo
em mim que se manifesta como... (o problema).
Eu te amo,
Sou grato (a).

Esta oração é a mais simples de ser feita, pois é baseada nas quatro frases mantra do Ho'oponopono e adiciona-se a elas o problema. Pode ser usada para qualquer assunto, bloqueio, dificuldade de aceitar ou permitir o fluxo da criatividade, da fé, alegria em nossas vidas. Quando não estiver com seu guia de Ho'oponopono para lembrá-lo das preces, use esta oração.

13.1 - Como orar no Ho'oponopono

Existem diferentes formas de estar praticando o Ho'oponopono. Assim como acabamos de ver, temos modelos diferentes de orações que podemos estar seguindo. A conexão que podemos fazer com a Divindade que se encontra em nós próprios pode facilitar o processo. Mas a boa notícia é que podemos estar no trânsito e praticar a técnica também com sucesso.

Os hunas perguntavam-se a respeito dos brancos: "Como alguém pode conseguir algo, se eles não produzem nada e só pedem?". O pedido huna é encaminhado junto ao MANA produzido em respiração à Divindade. Eu sinto mais resultado quando produzo Mana ou trabalho o envio da mensagem à Divindade de alguma outra forma em rituais. A estrutura do procedimento para praticar o Ho´oponopono de uma forma mais nativa seria:

- Local, hora e postura: É muito válido possuir um horário diário e local específico para as meditações, potencializa seu pedido.
- Preparar uma prece-ação com o que se quer.
- Efetue desbloqueio: Peça em prece para limpar o problema.
- Produção de mana para o Eu superior: Através da Respiração-Ha.
- Doação de mana – Doa ao Eu superior e Ele decide: Através da Respiração-Ha.
- Realização: Considera o pedido concedido.

- Agradecimento e fechamento: Por reconhecer seu pedido concedido.
- Ação: Agir em prol do que quero, mesmo que a solução posteriormente possa se apresentar por outro caminho.

Outra forma um pouco menos exigente seria:

- Aquietar-se: no sentido de interiorizar-se para estar preparado para a prática, em silêncio e sem distrações.
- Sentir o amor: é importante sentir o processo, deixando de ser algo mecânico. Sinta o amor em seu coração que está aberto ao perdão.
- Pronunciar as palavras de cura: Sinto muito, me perdoe, eu te amo, sou grato. Pode ser juntamente ao pedido ou as formas que foram ensinadas no livro.

Quanto maior for o bloqueio do que você está pedindo, maior terá de ser sua disposição e disciplina na prática. Um mero pensamento e sentimento pode sumir em um instante ao praticar o Ho'oponopono, mas outros pedidos podem pedir um pouco mais de dedicação. O importante é que é possível realizar a prática em qualquer lugar, dentro do carro, indo para o trabalho, um horário que você sempre estará disponível para esvaziar sua mente. É importante salientar que a inspiração sobrepõe-se à intenção. Esvaziando sua mente, encontrando o vazio dentro de você, confiando na Divindade, conseguirá limpar as memórias que o impedem de seguir adiante. Com a memória limpa, suas intenções podem mudar.

Se por acaso não sentir melhora, perceba se suas ações não estão de acordo com seu pedido, assim também palavras e seus próprios sentimentos. É preciso primeiramente querer transmutar, perdoar antes de começar o processo. E se não sabe onde exatamente está o problema, faça um exercício: Procure escrevê-lo em um papel, descrevendo seus pensamentos, sentimentos e ações relacionados ao fato em questão. Desta forma fica mais fácil de defini-lo. Perceba onde está errando e querendo transmutar. Além de praticar o Ho'oponopono, mude seus pensamentos e atitudes referentes ao problema, pois é o que emite ao Universo que determina a realidade e, portanto, se fizer Ho'oponopono e emitir algo contra, pode não funcionar.

Momento de prática:

Vá para seu lugar de silêncio. Aquiete-se, respire mais profunda e lentamente. Faça sua oração e repita o mantra enquanto faz a Respiração-Ha.

14

Práticas de Purificação

A seguir selecionei algumas práticas de purificação, na qual me aprofundarei somente nas quais ainda não foram explicadas anteriormente no livro. Estas práticas são indicadas pelo Dr. Hew Len em seu curso. As práticas não citadas poderão ser encontradas em sites na internet que discursam sobre Ho'oponopono.

1. Oração de Morrnah Simeona

A oração original de Morrnah Simeona que se encontra no início do capítulo 13 é indicada para qualquer tipo de problema em qualquer tipo de relacionamento, coloque o seu nome e o de outra pessoa. Quando a utilizar, as pessoas em questão entrarão em contato com a Divindade que existe no próximo, pois está em todas as pessoas, que é a extensão do Divino Criador.

2. Respiração-Ha (Kahuna)

Essa prática, pelo fato de produzir Mana, é indicada sempre que forem repetidas as quatro frases do mantra do Dr. Hew Len. Os Kahunas acreditavam que a energia Mana (energia vital) é recebida do céu através da prece, mas produzida e fortalecida com uma oração através da respiração. Vide capítulo 12.

3. Mantra do Dr. Hew Len

As quatro frases servem para tudo e todos.

Sinto muito: reconhece em si que algo entrou no seu sistema corpo/mente, mesmo que não saiba a razão.

Me perdoe: aceitação do problema, mesmo que não concorde com ele.

Te amo: Transmuta a energia bloqueada, fazendo-a fluir e levando-o ao Religare.

Sou grato: Expressão de gratidão e de fé para o bem geral de todos os envolvidos. Envia a energia de volta a Fonte.

Sinto muito: Assume a responsabilidade pelo problema.

Mais detalhes no capítulo 11.

4. Confeccionar orações específicas para cada problema

É importante especificar o problema em que esteja trabalhando. Portanto, em cada momento de prática, a não ser que seja o mesmo problema, você terá de mudar o formato da oração. Pode utilizar seu guia Ho'oponopono para ajudá-lo, mas com a prática irá formulá-las naturalmente. No capítulo 13, em que explico o mantra proposto pelo Dr. Hew Len, a indico para formulação espontânea.

5. Respiração-Ha 2

Fazer a Respiração-Ha, somada às mãos em Leminiscata (formando o símbolo do infinito), em 07 tempos, 09 vezes. Esta técnica dura aproximadamente 3 minutos e é muito poderosa. É importante fazer quando estiver parado e concentrado para funcionar. As mãos em Leminiscata fecham um circuito de energia, formando uma bola energética.

6. Água solar azul

Você já deve ter ouvido falar que beber água que ficou exposta ao sol em recipiente azul faz bem. Esta é uma das práticas indicadas no Ho'oponopono. O importante é que o recipiente seja de vidro e azul, a tampa pode ser um paninho ou um copo, evite plástico e metal, pois esses materiais expostos ao sol podem liberar toxinas. Se não encontrar o recipiente azul, vale pintar uma garrafa de vidro ou envolvê-la em celofane azul. Deixe por uma hora ao sol e depois espere esfriar ou não, dependendo da forma que for usar.

Nosso corpo é composto por 90% de água e a qualidade desta influencia em todas nossas moléculas. Dr. Massaru Emoto provou cientificamente, por meio de sua pesquisa de cristais de água, que a água guarda memórias. Sendo assim podemos mudar as impressões do corpo, a memória celular ingerindo uma água saudável e com ph básico, acima de 7. O ph básico da água acaba combatendo pacificamente a acidez sanguínea que é o meio propício para o desenvolvimento de células cancerígenas e envelhecimento precoce. Considerando-se que a água solar azul é uma forma de apagar memórias, está de acordo com a prática de Ho'oponopono e pode contribuir no processo de neutralização de memórias, fazendo com que pessoas emagreçam ou combatam alguma doença. Você pode, além de bebê-la, colocá-la no chimarrão, jogar em cima de ferimentos, enxaguar-se após o banho com ela, usar para cozinhar, aguar as plantas, jogar um pouco ao lavar as roupas, usar um pouco para limpeza da casa, borrifar pelo ambiente, no chá, no suco, da forma que sentir.

Ingerir água de boa qualidade pode contribuir para curar acidez estomacal, prevenir artrite, dores lombares, enxaqueca, colite (constipação), angina, asma, pressão alta, diabetes tipo II ou de adultos, colesterol no sangue, que são doenças que podem ser causadas por desidratação prolongada.

7. Aloha

Aloha significa estar na presença (Alo) do divino (ha). Você pode usar para pessoas, lugares, situações e coisas. Esta palavra tem poder e você, ao usá-la, estará imantando o significado na presença do divino. As palavras havaianas são em geral formadas por raízes associadas a certos vocábulos que dão origem a palavras com significado específico ou ideia. Aloha possui também uma grande lição em suas letras, possuindo princípios Kahunas que para eles, quando aprendidos, nos levam a Deus:

A de *ala*: ver a vida de forma a estar sempre alerta.

L de *lokali*: trabalhar com a unidade (corpo, mente, espírito)

O de *oiaio*: honestidade

H de *ha'aha'a* : humildade

A de *ahonui*: paciência e perseverança

ALOHA - Princípios Kahuna que nos levam a DEUS!

8. Mel

O mel é um alimento produzido pelas abelhas a partir do néctar das flores. Sua fonte, portanto, já nos traz para a energia da natureza que vibra na frequência alfa. É o único alimento doce que fornece substâncias nutritivas, proteínas, vitaminas e sais minerais, tais quais: a vitamina B6, tiamina, riboflavina, ácido pantoteico e pequenas quantidades de minerais (cálcio, cobre, ferro, magnésio, fósforo, potássio, sódio e Zinco). Além disso, possui propriedades medicinais e ação antibacteriana. O mel para o Ho'oponopono apaga memórias adoçando a vida.

9. Copo D´água

A água absorve negatividade e, a ser desprezada leva junto a carga negativa absorvida. Essa água pode ser jogada na terra ou em água corrente. Encha um copo com ¾ de água duas vezes ao dia. Se a situação for muito estressante, pode fazer este processo de encher e jogar fora mais vezes. Pode-se colocar o nome de alguém debaixo do copo durante o processo, o levando a agir por inspiração e não memórias. Utilizo este recurso durante cursos que ministro, uma vez que o meu trabalho aflora emoções nas pessoas.

10. Pilastra da Paz do Eu

Novamente utilizando a força da imaginação criativa, imagine um tubo de luz que desce sobre você e pense na "Pilastra da Paz do Eu". Ao fazer este procedimento você se coloca na irradiação da Divindade automaticamente, protegendo-se de todas as vibrações negativas. Pode utilizá-la em terceiros, ou em uma coisa ou situação, basta somente pensar na "Pilastra de Paz do Eu". Esta técnica é muito poderosa para proteção em qualquer situação, como se o tornasse invisível, pois neste espaço não há interferências.

14.1 - Práticas de Experiências Próprias e Estudos.

A seguir abordarei algumas práticas de purificação que eu aprendi ao longo da vida em vivências e cursos de cosmologia xamânica.

1. Japamala

A palavra japamala vem do sânscrito onde *jap* significa "murmurar, sussurrar" e *mala* quer dizer "cordão, colar". Em diversas culturas e religiões são utilizados japamalas, rosários, terços afim de contar um mantra ou oração. Desta forma pode-se entregar a devoção espiritual durante a mantralização, conquistando um estado de consciência já considerado transcendental. Indico que sempre que você puder pratique o Ho' oponopono em seu altar, com um Japamala ou terço. O terço possui 54 contas e você pode repeti-lo duas vezes.

Quando se termina as 108 contas, a mente entra neste estágio onde está acima dos pensamentos e consegue estabelecer uma conexão com a Unidade. Neste momento de conexão no Ho' oponopono o feixe de energia (bloqueio) na qual você quer trabalhar é entregue ao Universo. Por isso dizemos que no Ho' oponopono transcendemos ao inves de dizer que transmutamos como no Reiki. No Reiki a energia Divina vem até nós, no Ho' oponopono nós vamos até a Fonte. O Universo neutraliza as cargas das energias, dos bloqueios, purificando-os e abrindo espaço para uma solução espiritual e equilibrada.

São 108 contas e uma conta maior que representa a Divindade. Ao passar por ela segure com as duas mãos e agradeça profundamente emitindo amor e fortalecendo sua conexão com a Divindade. Existem explicações matemáticas e metafísicas para este número de contas.

Se multiplicarmos 1 por ele mesmo (1^1), por 2 ao quadrado (2^2), por 3 elevado ao cubo (3^3), teremos a equação 1 x 4 x 27 = 108. No alfabeto sânscrito existem 54 letras (ou fonemas) masculinos e 54 femininos, resultando em 108 fonemas. De acordo com os Vedas existem 108 linhas energéticas no Chacra cardiaco e seria através dele que um Yogui atingiria a iluminação. O chakra cardiaco une os três chacras inferiores aos três superiores, alinhando a pessoa com o Universo, desde que os outros chacras estejam equilibrados. Este número 108 remete à um número de perfeição do Universo e que nos leva à Ele.

2. Botão on-off

Quando quiser mudar o clima de um ambiente, mudar um sentimento por algum pensamento ou assunto em determinado momento, imagine ou até mesmo faça a ação de apertar um botão de liga-desliga. Você pode usar esse recurso em caso de conflitos e desavenças ou para mudar o foco de conversas e pensamentos.

3. Onda do mar purificadora

Pode ser de verdade se houver a oportunidade de mergulhar no mar, ou imaginária. Se estiver no mar, ao mergulhar imagine-se limpando sentimentos, pensamentos e/ou situações. Se estiver em casa ou no trabalho use sua imaginação criativa para levar uma onda do mar passando pelo ambiente, limpando todas as energias negativas. Se você for reikiano, ao estar em uma aplicação a distância pode imaginar, após a aplicação do método de redução entre as mãos, uma onda passando por todos os ambientes de sua casa limpando o ambiente. A onda pode ter cores tais quais violeta, azul ou rosa. Se precisar desta ferramenta para uma situação menor, como sentar em um banco da rua ou atender a uma chamada de telefone, utilize sua imaginação criativa para limpar objetos e situações.

4. Chama violeta

Nesta técnica, imagine-se entrando em uma fogueira violeta. Esta técnica serve para transmutar a energia negativa e trazer a paz interior. Pode-se imaginar a fogueira somada a uma estrela de Davi no chão.

5. Sal grosso

Pegue um recipiente e coloque alho, sal grosso, carvão e cubra tudo com sal grosso novamente. Esta técnica funciona muito bem para proteger o ambiente de mal-olhado.

6. Copo D'água com sal grosso

Encha um copo com água e coloque três porções de sal grosso. Acenda uma vela de sete dias branca e peça proteção.

7. Defumação

Caso você tenha utilizado todas as técnicas de purificação de ambiente e ainda assim esteja sentindo uma carga negativa, significa que a energia que está estagnada na casa é mais densa. Por isso indico nestes casos a defumação do ambiente, da mesma forma que defumam na igreja, podemos defumar nosso lar e se possível o ambiente de trabalho. Existem defumadores incenso, que possuem um manuseio mais simples e também é mais aceito em locais menos privativos. Agora se você puder, utilize um turíbulo e coloque dentro ervas e carvão para acender, você pode encontrar em casas que vendam velas, procure as sete ervas. Quanto mais fumaça no ambiente melhor, desde que não sufoque as pessoas. Comece de dentro para fora da casa. Após defumar, abra todas as janelas e portas para que a fumaça saia do ambiente e deixe o turíbulo apagar fora da casa. Esta defumação é excelente para neutralizar as energias negativas. Se o ambiente estiver muito carregado talvez sejam necessárias mais defumações, adicionando a esta casca seca de cebola e alho. O indicado é fazer a defumação uma vez na semana.

Turíbulo

8. Velas

As velas sempre foram objetos tratados e utilizados com referencial em práticas que levam o homem a "trabalhar" seus mais variados estados físico, mental e espiritual, independentemente das etnias, crenças, filosofias ou religiões, seja onde for.

A prática de acendermos uma vela, e a ela darmos um propósito claro, nos coloca em condição consciente de pura conexão com o Divino. Esta prática nos dá oportunidade de assumirmos mudanças transformadoras em nossas vidas.

Sendo assim, dentro das práticas de purificação associadas ao Ho'oponopono, visualizo também o uso de velas e, da mesma forma que em outras aqui já indicadas, sugiro primeiramente que seja criada uma oração e na sequência, acendendo a vela, seja esta frase entoada repetidamente, pelo menos durante os 10 primeiros minutos.

O uso de velas de horas ou até mesmo de sete dias também é indicado. No caso da vela de sete dias, pode-se entoar a frase não apenas nos 10 primeiros minutos, mas também sempre que possível, durante todos os dias em que ela estiver queimando. Esta prática faz com que sua mente seja levada ao foco do propósito de purificação por mais vezes, levando-o a uma "cura" ainda mais efetiva.

9. Tambor

O uso de tambores em ritos de purificação é parte da tradição de muitos povos, espalhados em todo o mundo, principalmente os indígenas.

A vibração atingida pela sonoridade dos tambores, quando utilizados em frequente e ritmadas batidas, associado a um claro e definido propósito, leva o homem a estados de relaxamento profundo, o que em muito pode auxiliar, não apenas na cura, mas também na purificação dos corpos, sejam eles: físico, emocional ou espiritual.

Neste sentido, abro aqui a possibilidade de uso também dos tambores como prática de purificação associada ao Ho'oponopono. A prática sugerida inicia-se com a criação de uma oração que caracteriza a clareza do propósito, tipo: *Divino Criador, Sinto muito por eu ter aberto portas que contaminaram o meu ser. Me perdoe! Eu te amo! Sou grato por transmutar toda energia que me assola neste momento, purificando-me.* Na sequência, entoe em voz alta a frase criada e toque ritmicamente o tambor por aproximadamente 10 minutos. Durante este período mentalize repetidamente as 4 frases: *Sinto muito! Me perdoe! Eu te amo! Sou grato!*

Momento de prática:

Vá para seu lugar de silêncio. Aquiete-se, respire mais profunda e lentamente. Faça sua oração e repita o mantra enquanto faz a Respiração-Ha.

Escolha uma das novas práticas apresentadas e experimente-a junto a vocalização do mantra do dr. Hew Len. Procure encontrar quais técnicas você se identifica mais.

15

Últimas Considerações

Este conhecimento que adquiri e agora disponibilizo a vocês, já que chegaram a esta parte do livro, não se refere a uma verdade somente da técnica Ho'oponopono. Eu mesma fujo do radicalismo e do fanatismo, procurando entender a vida de forma facetada, em diferentes olhares, e com diferentes palavras.

Quando mais jovem fazia o evangelho espírita no lar, fui iniciada no Reiki aos 08 anos no nível 1 e aos 10 anos no nível 2, aprendendo que poderia enviar energia a distância e que Ki era nossa energia vital que nos dava vida. Aos meus 20 anos eu frequentei durante um ano, religiosamente, o Budismo do Nitiren Daishonin e constantemente me perguntava qual seria a verdade dos diferentes estudos. A prática do Budismo me mostrou o que era a fé, o que era acreditar e atrair a realidade que se deseja para si.

Logo comecei a interligar os aprendizados e a perceber que muitas vezes as palavras mudavam para nomear as mesmas coisas. Até que um dia tive um insight para explicar Deus. Pensei comigo que Ki seria uma parte da Energia Rei, a energia primordial cósmica que estudamos no Reiki. A junção do Rei mais Ki forma uma terceira energia, a energia de cura e amor Reiki. Percebi que o Rei do Reiki era a energia maior, a energia do Todo que o Budismo acreditava, ao invés de acreditar em um Deus figurativo. Neste mesmo dia, nestes pensamentos, lembrei que a Igreja diz que Deus está dentro de nós. Sendo Ki parte da Energia Divina que recebemos para viver, percebi que Deus dentro de nós nada mais era do que a energia Ki, a nossa energia vital, a nossa energia de vida. Deus é a nossa vida e age por meio das nossas mãos, pensamentos, ações. Deus permeia tudo e todos.

Muitas religiões tendem a distanciar o criador das criaturas. Para o Ho'oponopono cada um de nós é parte do criador e por isso somos divinos criadores.

Jesus Cristo possuía uma visão transcendental da existência e sabia que todos estão intrinsecamente interligados em uma teia, tanto que disse: *Nesse dia compreendereis que estou em meu Pai e vós em mim e eu em vós* (João: 14,20). Jesus sabia que todos nós somos frutos da Paternidade Divina. Certa vez falou que nós poderíamos fazer os feitos que fez e poderíamos curar com as mãos como ele curou. Foi isto que levou Mikao

Usui a procurar uma resposta que culminou no descobrimento da técnica Reiki.

Utilizo a técnica Reiki diariamente, mas em um determinado momento precisei ir mais além. Do mesmo modo que o Reiki não é a resposta nem a solução de tudo, o Ho'oponopono entrou na minha vida para complementar toda a sabedoria que eu busquei, e Deus permitiu que eu tivesse contato com o Ho'oponopono desde jovem. Foi pesquisar o Ho'oponopono para entender seus milagres que me fez entender mais a fundo o funcionamento da nossa existência e espiritualidade. Eu sempre busquei o porquê da vida. Agora, hoje em dia o Reiki e Ho'oponopono são essenciais para mim. Deram-me um entendimento Divino e expansão de consciência, e por isso sou muito grata. Tudo o que vivemos é uma escolha da totalidade. "Seja feita a nossa vontade". Quero deixar claro que mesmo com todo aprendizado e conhecimento adquirido, não tenho a resposta dos segredos do Universo, somente mais entendimento dele.

Sou uma manifestação da Fonte Divina
e por isso tenho o poder de criar.

Toda essa busca pelo autoconhecimento desenvolve a autopercepção que é o somatório das impressões internas e externas, afinal todos nossos corpos estão interligados. Esta é a forma de se entender, de entrar em contato consigo mesmo, pois caso contrário, se não soubermos diferenciar as nossas percepções e emoções, ficaremos sujeitos a captar diversas ondas magnéticas que nos rondam sem saber se estamos agindo por nós ou por meio de captações extrassensoriais.

Compreendendo a nossa junção com o outro, com a natureza, ou seja, tudo o que existe, o nosso conceito de sintonia é ampliado. Como por exemplo, os sinais dos animais que o Xamanismo abrange. Quando estamos sintonizados, percebemos que não existe vazio entre os seres humanos. Somente a partir da conexão profunda consigo próprio passa-se a ter consciência da unidade com a Vida Cósmica.

A partir do momento que se adquiri todo este conhecimento, não cabe mais culpa e sim responsabilidade, um dos princípios do Ho'oponopono. Eu criei esta situação ou eu atraí? Não importa qual seja a resposta, importa ter a visão destas possibilidades, pois todos nós temos uma solução, só depende de nós, pois a informação foi passada. O processo de Ho'oponopono nada mais é do que aceitar a realidade da forma que se apresenta, recebê-la, entregá-la ao Divino, confiar (esta é a fé) e agradecer. Guarde a visão, confie no processo.

Para o Ho'oponopono sentir culpa não é útil.
Deve-se sim sentir-se "responsável"!

E depois de toda esta informação os workshops de Ho'oponopono são necessários? Além de clarear algumas informações ainda mais e ensiná-lo a praticar mais para de fato incorporar o aprendizado, nos workshops trabalhamos em grupo e quando trabalhamos em grupo, o grupo traz 95% do inconsciente, que o nosso 5% da mente consciente não acessa.

Em grupo, ficam nítidos os espelhos, como por exemplo, alguém que não tem tolerância com o outro simplesmente reflete a intolerância consigo mesmo. Um alto índice de julgamento espelha um alto nível de intolerância. Normalmente neste caso, a criança interior é pesada, pois possui um pai (ou mãe) tirano, que não tolerou em muito a personalidade do filho.

Existem pessoas que dizem não ter problemas. E aí você pergunta: Qual a sua vida ideal? Ela já existe? Não? Então a pessoa se acomodou no limite e pode sim melhorar ainda mais a sua vida.

Por que esta busca pela perfeição? Na verdade é a busca por si mesmo, pela essência, a conexão com o Um. Como apregoa o famoso ditado: "Quando você reza, Deus ouve, quando você medita, Deus fala".

Momento de prática:

Volte ao capítulo 3, quando definiu seus pedidos. Veja o que foi trabalhado, sinta as mudanças, avalie os resultados.

Lembre sempre de agradecer as bençãos recebidas.

Referência Bibliográfica

Bíblia, Mc: 12,31.

BODIN, Luc e Hurtado; María Elisa - Graciet. *El arte de Ho'oponopono: el secreto de lós sanadores hawaianos.* Buenos Aires: Ediciones Obelisco, 2013.

BOSNIC, Lili. *Ho'oponopono: Arte ancestral de sanación hawaiano.* Buenos Aires: Continente, 2012.

DE´CARLI, Johnny. *Reiki universal.* São Paulo: Editora Madras, 1998.

DELLA TORRE, Maria. B. L.. *O homem e a sociedade: Uma introdução à sociologia.* São Paulo: Companhia Editora Nacional, 1974.

DUPRÉE, Ulrich Emil. *Ho'oponopono: um sencillo sistema de cuatro pasos para reuperar la unidad, la armonía y la paz interior.* Buenos Aires: Ediciones Obelisco, 2012.

NETO, Francisco do Espírito Santo ditado por Hammed. *A imensidão dos sentidos*. Catanduva: Boa Nova Editora, 2000.

PÉREZ, Adolpho. *Ho'oponopono la curación el perdón*. Madrid: Editora Masters, 2012.

RANIERI, Rafael A.. *O palácio encantado da mediunidade*. São Paulo: Lake, 2010.

RAY, Sondra. *Kahunas y Ho'oponopono: secretos de lós mestros hawaianos y de la vida eterna*. Madrid: Artes Gráficas COFÀS, S.A., 2012.

SCHWARTZ, Jeffrey. *The mind and the brain: neuroplasticity and the power of mental force*. Nova York: Regan Books,2002.

TOMÁS, Maria Carmen Martinez. *Ho'oponopono: lo sinto, perdóname, te amo*. Barcelona. Oceano Ambar, 2013.

VITALE, Joe & LEN, Ihaleakala Hew. *Limite zero*. Rio de Janeiro: Editora Rocco Ltda, 2009.